家族みんなと笑顔になる

新米パパの子育てのミカタ

Daishi Ishimaru

石丸大志

KKロングセラーズ

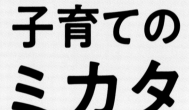

はじめに

ぼくは7歳、5歳、3歳のやんちゃ盛りの子がいる3児のパパ、石丸大志《だいし》です。

はじめましての方も多いと思うので、ここで少し自己紹介をさせてください。

1984年生まれの39歳。現在、生まれ故郷の新潟県で、インスタグラム（@daishipapa〈だいしパパ〉）の発信、育児・夫婦関係の相談やオンライン事業に携わっています。おかげさまで、インスタをはじめ、SNSの総フォロワー数は約15万人。その多くがママたちです。

ぼくがインスタに日々のことを投稿し始めたのは今から10年ほど前。子どもが生まれてからはおのずと育児や家族についての投稿が増えました。すると、ママさんたちから
「夫に育児の大変さを分かってもらえない」

「陣痛で大変なときに、夫から言われたひどい言葉が忘れられない」

「孤独だ」

といったコメントをいただくようになったのです。

これらのコメントに返信したり、オンラインで個別相談を行うと、ありがたいことに

「話を聞いてもらえて本当に心がラクになった。自分を認めてもらえたようで、自分に自信が持てました」

「日々いっぱいいっぱいで見えてなかったけど、孤独だったんだとやっと気づけました。この気持ちを分かってほしかった。でもその前に誰よりも自分が自分の頑張りを褒めていいんだと思えるようになり、自分を大切にできるようになりました。それができたから、今は素直な気持ちを夫にも伝えられるようになったと思います」

という声をいただくようになりました。

そこで、育児をする中でママたちがどんな気持ちでいるのか、あるいは、もっとパパがこうしてくれたらうれしいのに、と思っていることをパパたちは知っているだろ

うか？　もしかしたら、**ママの気持ちを知らないことで、お互いに子育てがつらくなったり、スレ違いが起こっているのかもしれない**と考えるようになったのです。

子育てとは、文字通り「子どもを育てる」ことですが、子どもが健やかに育つには、影響力があり、お腹の中から子どもを育ててくれているママが心身ともに心地いい状態であることも欠かせません。

こうした**ママのケアも含めての「子育て」がパパの役割**だとぼくは考えています。

そこで、本書は**妊娠から子どもが２歳までの期間**についてのママたちの声を紹介しながら、パパ向けに子育てのポイントをまとめました。

２歳までとしたのは、一般的にもっとも子育てが大変だと言われている時期であることや、UNICEF（ユニセフ〈国連児童基金〉）が調査結果をもとに「妊娠中から数えて最初の１０００日間が最も重要。子育てを重視してほしい」（※１）と謳っているように、人生のその後を左右しかねない大切な期間でもあるからです。

こんなふうに言っているぼくもまだまだ子育て真っ最中、試行錯誤の毎日を送っています。

パパ7年目になった今だからこそ、妻や子どもたちのことを少しは理解できるようになってきましたが、特に第一子のときには、それこそ数々の失敗もしました。パパ初心者なら、誰もが通る道だと思いますし、今でも全てがスムーズにいくわけではありません。わが家も夏休みのような長期のお休みともなれば、計り知れない3児のパワーに妻と一緒に白目を剥いてしまうほどのカオスっぷりです。

ただ、これだけは言えます。

人一人が生まれて、驚くべき早さで育っていく瞬間に立ち会えるのはママとパパの特権です。

パパにとっては、実際に子育てすることで仕事や人間関係に活かせることも実は多い。子育てはそれほどまでに豊かでおもしろいとぼくは実感しています。

2022年10月には産後パパ育休（出生時育児休業　※2）制度が施行されました

ね。今後はさらに男性が育児に積極的に関わることを求められ、実際にその機会も増えてくるでしょう。

とはいえ、仕事柄、育児にあまり時間が割けない、と思ったそこのパパ、心配しなくても大丈夫です。もし「おむつ替え」や「寝かしつけ」など日々の直接的な子育てに携わる時間の確保がすぐには難しかったとしても（もちろん、何でも「やる」という意識が大事ですが）、子育て中のママのケアはできます。

「こういうことでママは喜ぶんだ！」「こんなことが子どもは楽しいんだ！」というポイントが分かれば、ママが笑顔になり、子どもも楽しい。孤独を感じてしまいがちなママも、パパの関わり方一つで、二人で一緒に育児を楽しめるようになるかもしれません。

それも、もっと心がラクになり、もっとママが喜ぶ、パパだからこそできる関わり方があるはず。そのポイントやコツを、インスタに寄せられたママたちの声を中心に、ぼくの経験も踏まえて伝えていければ、と思っています。

何よりぼくもパパなので、パパ側の気持ちや認めてほしいと思うところもすごく良く分かります。本書を読んでいただいたパパたちに、「よし、今日からやってみよう！」と思えることを見つけて、一つでも試してもらえたらうれしい限りです。

これからパパになるあなたも、日々の子育てがどこかうまくいっていないと感じるパパにも、この本が少しでも、ママがうれしい、パパは楽しい、そのうえ子どもも喜ぶ、そんな家族にとって良い循環を生む子育てのヒントになることを願っています。

（※1）ユニセフは、管理栄養面や愛情面から、「妊娠中から1000日間が最も重要で、子育てを重視してほしい」と謳った「『Early Moments Matter＝〝はじめ〟が肝心』というキャンペーンを行った。人間の脳細胞は誕生直後から数年間、特に最初の1000日間を適切な養育環境と刺激のある中で過ごすと、脳の発達速度が最も高まるとされている。脳内のシナプス結合によって、子どもの認知能力、健康や幸福、どのように学び考えるか、ストレスへの対処力、人間関係をつくるかが決まるという。この間に多くの愛情や遊びの機会、十分な栄養や保護を与えることで、子どもの脳内ではシナプス結合が活性化される。加えて、生まれてすぐの時期から赤ちゃんと父親が絆を結ぶことができると、父親は子どもの成長においてさらに大きな役割を担うことができ、子どもは長期間にわたり、精神的により健康で、自尊心を持ち、人生に満足感を得ることができるという調査結果もあるとしている。

（※2）産後パパ育休　原則、休業の2週間前までに申し出をすれば、子の出生後8週間以内に最大4週間（28日間）の育休取得が可能（2回分割や休業中の就労も可）。

目次

2章

ママの出産のとき、パパにしかできないこと　47

3章 赤ちゃんがうちにやってきた!

4章

ヨチヨチ1歳、親もまだまだ新米1年生

5章

待ってました！ イヤイヤ期！

1章

ママの妊娠が分かったら

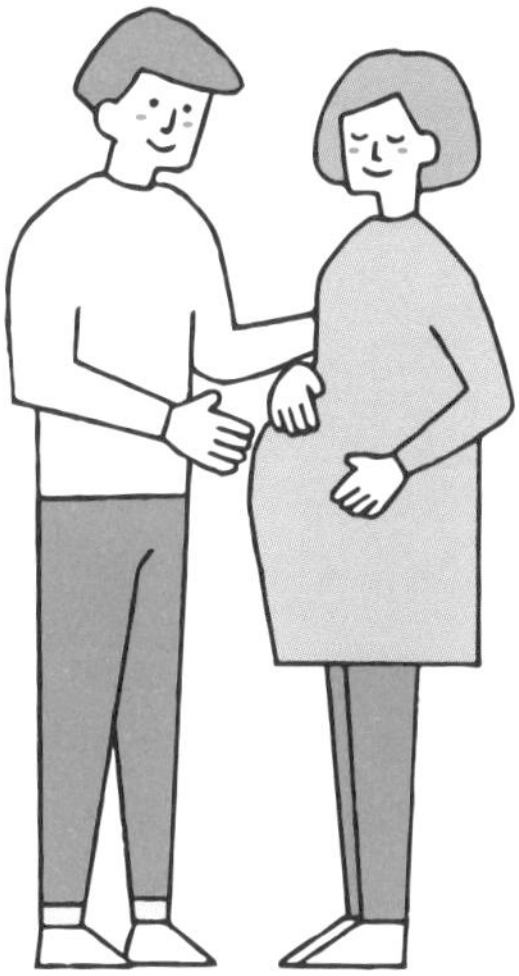

妊娠中、夫にしてほしかったこと

おめでとうございます！　パートナーの妊娠が分かったらあなたはもう「パパ」です。喜びやうれしさ、不安や責任感、プレッシャーなど、いろいろな感情が渦巻いているかもしれませんね。

女性は妊娠すると同時に、お腹の中ですでに「子育て」が始まっています。

では、この時期、パパとしていったいどんなことができるでしょうか？

「はじめに」でも少し触れましたが、**妊娠中、直接的な子育てができないパパにできることはママの身体や心のケアをすること！**　だとぼくは思っています。

初めての妊娠で、オロオロするのはぼくたち男性だけでなく、女性もうれしさと同じくらい不安を抱えているはずです。妊娠しても１００％子どもが産まれるとは限ら

ないし、お腹の中に子どもがいても自然とママになれるわけではないので、いろいろ調べたり考えたりしているに違いありません。

そんなパートナーがたった一人で、お腹の赤ちゃんを心配したり、この子を守らなければと、気持ちが張り詰めたりなど、新人ママになる中で追い詰められてしまっては大変です。

ママをケアすることは、お腹にいる赤ちゃんをケアすることでもありますから、妊娠と同時にパパも子育てがスタートしているのです。

では、妊娠中のママはパパに何を望んでいるのでしょうか?

インスタのママフォロワーさんを中心にアンケートを取ってみました。

「あなたが妊娠中、夫にしてほしかったことは何ですか?」

多かった答えは、家事でした。

中でもお風呂掃除やトイレ掃除、布団の上げ下ろし、床掃除など、お腹の大きな妊

インスタのママフォロワーさんに聞きました！

婦さんの負担になる家事をしてほしかったという声が挙がっています。

それ以外にも、「お腹の子にもっと語りかけてほしかった」「体がつらいときにマッサージをしてほしかった」といった答えも見られましたが、圧倒的に多かったのは、やはり家事をしてほしかったという声です。

そして、実は家事と同じぐらい多い回答があったのですが、何だと思いますか？

それは妊婦であるママへの「理解」です。

・つわりへの配慮、妊娠中の体についての理解をしてほしかった
・つわりでつらいとき、夫に強く当たってしまったが、仕事よりも何よりも私の味方をしてほしかった
・体調や精神状態を気遣う声かけをしてほしかった
・だるさや眠気、腰痛など、妊娠中のマイナートラブルについての会話がしたかった

ということは、普段忙しいパパでも、ママの心身の状態を理解しようとしたり、そのために5分でも10分でも時間をつくって話を聞くことができれば、妊娠中のママの不安を減らせるということではないでしょうか。

普段とは違う妊娠中のパートナーに対して、パパはどうしたって気遣うようになります。ただ初めてのことで、何をどうしたらいいのか分からないという方もいらっしゃいますよね。

そこで1章では、子育ての初めの一歩から、ママと足並みそろえて一緒にスタートするための、寄り添い方や関わり方のコツをご紹介していきます。

妊娠を告げられたときのパパのリアクション、実はとっても大事

もうすでにパートナーから妊娠を告げられた方も、将来子どものことを考えている方も、これだけは覚えておいてほしいことがあります。

それは、**妊娠を告げられたときのパパのリアクションがとっても大事**だということ。

妊娠やその可能性をパパに話すとき、うれしさと未知のことがらに対する不安を同時に抱えているママは、パパがどのような反応をするのかをとても気にかけています。

ところが、パパたちにアンケートを取ったところ、「すごくうれしかった！」という声もありましたが、「予想していなかった」「不思議な感じがした」、「実感がなく、妻になんて言葉をかけたか覚えていない」「状況の把握ができなかった」と答えた方も多かったのです。

この回答から「パパ一歩目」のリアクションとしては、ママの求めていたものとは、ズレが生じているのが分かりますね。

初めての妊娠であれば、ぼくら男性にとっても未知なる告白ですから、その先にどんなことがあるのか分からなさすぎてうろたえたり、実感が湧かないという方もいらっしゃるでしょう。でも、女性にとって妊娠は、実際に身体の中で起きている変化。もっと切実なのです。

さらに最近では、インターネットや育児雑誌などで、簡単に役立つ情報を得られる一方で、妊娠中のトラブルなどを目にすることもあり、ますます不安は募ります。だからこそ、ママが妊娠中に抱えている喜びや不安を分かち合い、その気持ちやそのときの状態にパパが寄り添うことがとても大切です。

では、実際にぼくの場合はどうだったのか。今から7年前の第一子のときのことをお話しします。

その日は仕事帰りに「今日、ご飯食べて行こうよ」と珍しく妻に誘われ、カレー屋で晩ご飯を食べたことを今でも覚えています。

お店からの帰り道、当時、散歩がてらによく行っていた神社に、自然な感じでフラッと寄ったんですね。

そこで、妻がサッと取り出したのが妊娠検査薬です。陽性の印が出ているのを見たぼくは思わず「お〜!!」と声を上げ、「ありがとう!!」とハグして一緒に喜びました。

そのときの神様へのお願いごとは、もちろん妻の安産です。

振り返ってみると、安産祈願までできる神社での妊娠の報告は、妻の計画通り、だったのかもしれません。

ぼくの場合はこんな感じでしたが、返す言葉は「ありがとう」じゃなくてもいいかもしれませんし、ハグはちょっと……という方もいるでしょう。

ただ、**大事なのは、「この人とならこれから一緒に安心して子育てをしていけそうだな」とパートナーが思えるような状況をつくること**ではないでしょうか。

ここが、**これから始まる子育てで、二人にとっていいスタートが切れるかどうかの重要なポイント**になると思うのです。

「ママ」の妊娠報告を「パパ」が余裕を持って受け止めよう!

妻から妊娠を告げられたとき、なぜぼくがうろたえなかったのか、それにはこんな理由がありました。

結婚は、これまで違う人生を歩んできた、言ってみれば他人同士が一つの新しい「家庭を築く」ということですよね。

結婚したときにぼくは「これからぼくたちの家族をつくっていくんだ」という決意をしました。

ここで言う「家族」というのは、必ずしも子どもがいる、ということではありません。夫婦二人でもいいし、子どもが生まれるごとに、三人家族、四人家族……というように、それぞれの夫婦が思い描く「家族」をつくっていくということです。

そして、いずれは子どもがほしいと思っていたぼくは、**気持ちのうえでは結婚当初からすでに「パパが始まっている状態」**だったんです。だから、うろたえるわけがなかったんですね、念願だったんですから。


子どもが生まれてから、あるいは、パートナーの妊娠を「パパのスタート地点」とする一般的な考え方に比べると、ぼくはかなりのフライングをしていたと言えます。

でも、こんなふうに気持ちの準備を早めにしてパパになるウォーミングアップをしておくと、パートナーから妊娠を告げられたときに、少し余裕を持って受け止められるのではないでしょうか？

それでも、パパになるプレッシャーが消えるわけではないかもしれませんが、パパになったからには、今さらジタバタしたところでどうにもなりません。

そこは**少しだけ自分を奮い立たせて、まずはドッシリした安定感で妊娠を受け止めて、ママの目の前で喜んでパパ一歩目のスタートを切りましょう！**

ママと一緒に行こう！妊婦健診のススメ

妊娠が確定したら、ママは定期的に産院に妊婦健診に行くことになります。

そのときは、**ぜひパパもママと一緒に産院を調べたり、健診に一緒に行ってみてください。**

厚生労働省の基準では、妊娠初期から妊娠23週目までは4週間に1度（初期から12週目までは2週間に1度という産院も）、24週から35週までは2週間に1度、36週から出産までは週に1度、健診に行くことになっています。

ママが妊娠に気づくのは、早くて妊娠4、5週目あたりです。厚労省は1回目の健診を8週頃と設定し、出産は最終月経開始日から数えて約40週目とされているので、およそ8カ月の間に14回ほど妊婦健診に行くことが望ましいとされています。

ぼくは妻が産院で「妊娠ですね。おめでとうございます！」と言われた第1回目の受診に付き添うことができました。

当時は激務でしたが、平日に休みを取れる仕事だったので、ありがたいことに産院に行きやすかったのです。健診には合計7、8回は一緒に行けたのではないでしょうか。

パパが妊婦健診に付き添う大きなメリットとして、ママの安心感が得られることが挙げられます。

◆妊娠中のママの身体の様子とお腹の赤ちゃんの成長

妊娠週数			健診スケジュール	ママの様子	赤ちゃんの成長
初期	2カ月	4 5 6 7	4週間に1回（病院によっては12週目までは2週間に1回）	妊娠に気づくこの頃からつわりの症状が出たり、トイレが近くなるママも。	頭殿長（頭の先からお尻まで）は約12mm、体重は約4gで、さくらんぼ1個ほど（7週頃）。胎芽と呼ばれる時期で、7週目頃には2頭身に。
	3カ月	8 9 10 11		つわりがピークを迎えるママが多くなります。ホルモンの影響や子宮が大きくなったことによる圧迫で、便秘がちになるママも。	身長は約47mm、体重は約30gで、いちご1粒ほど（11週頃）。妊娠10週以降から胎児と呼ばれ3頭身に。
	4カ月	12 13 14 15		個人差はあるが、ママの多くは妊娠12～16週頃につわりが治る一方で、大きくなった子宮に胃が圧迫され、むかつきが起こる人も。	身長は約16cm、体重は約100gで、レモン1個ほど（15週頃）。器官の形成が終わり、今後は体や手足の骨や筋肉が発達。
中期	5カ月	16 17 18 19		胎盤が完成。安定期と呼ばれる時期。お腹のふくらみが少しずつ目立ち始め、バストもサイズアップ。早ければ胎動を感じるママも。	身長は約25cm、体重は約280gで、グレープフルーツ1個分（19週頃）。4頭身になり、骨は丈夫に、筋肉や皮下脂肪がつき始めます。
	6カ月	20 21 22 23		多くのママが胎動を感じる。骨盤の関節が緩くなり歪みを起こし、腰痛になりやすい。上半身が重いため足に負担がかかり、こむら返りも。	身長は約30cm、体重は約700gで、メロン1個分（23週頃）。臓器の機能が成熟し、体の細部が発育。末端に筋肉がつき、動きも大きく。
	7カ月	24 25 26 27	2週間に1回	仰向けの姿勢だとお腹の圧迫を感じる。腰痛が悪化するママも。ホルモンバランスの影響で歯ぐきの腫れや出血が起こりやすくなる。	身長は約38cm、体重は約1200gで、キャベツ1個分（27週頃）。脳がより発達し、体全体の機能をコントロールするように。時々まばたきをする。
後期	8カ月	28 29 30 31		血流が滞って手足がむくんだり、静脈瘤（血管がコブのように膨らんだ状態）ができやすくなる。妊娠後期にはお腹が張りやすくなる。	身長は約43cm、体重は約1800gで、1ℓ牛乳2本分（31週頃）。内臓器官や中枢神経の機能が充実。誕生に備えて呼吸の練習も開始。
	9カ月	32 33 34 35		子宮のてっぺんがみぞおち付近まで押し上げられ、胃もたれや頻尿に。心臓や肺への負担から動悸や息切れも。むくみも出やすい時期。	身長は約47cm、体重は約2500gで、500mℓペットボトル5本分（35週頃）。新生児と同様の外見になり、35週には肺の機能がほぼ成熟。
	10カ月	36 37 38 39	1週間に1回	胃や心臓への圧迫や動悸、息切れが軽くなってくる一方で、頻繁に尿意をもよおすように。おしるしや前駆陣痛のようなお産の兆候が見られるママも。	身長は約50cm、体重は約3100gで、1ℓ牛乳3本分（39週頃）。腎臓の機能が成熟し、むくみが取れ、皮膚に張りが。お産が近づくと、赤ちゃんは骨盤のほうに下がってくる。

『最新! 初めての妊娠・出産新百科mini』（ベネッセコーポレーション）を参考に作成

妊娠中のママは「お腹の赤ちゃんは元気にしているかな?」と心配になったり、つわりの症状というような妊婦ならではのマイナートラブルもあり、不安を抱えてしまいがちです。そんな**ママは健診中、パパに隣にいてもらえることをとても心強く感じるようです**。

そしてもう一つメリットがあります。

妊婦健診は、あなたにパパになった実感やパパになる準備を促すものになるはずだということです。

健診ではエコー(超音波)でお腹の中の赤ちゃんを見ることができます(公費負担では妊娠期間中に4回)。

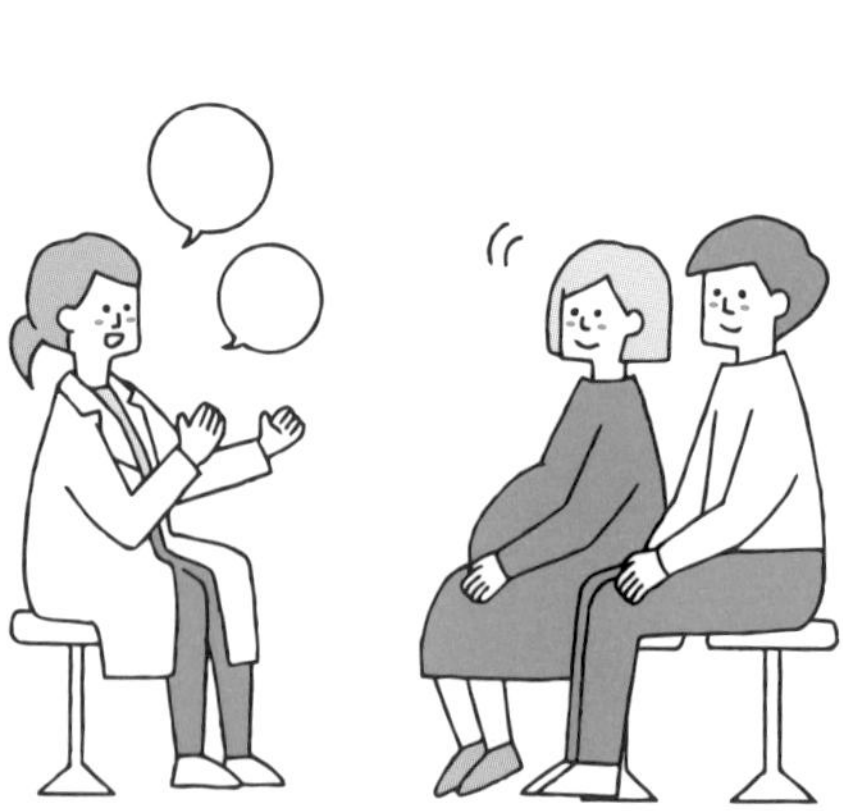

そこで、どのぐらいの大きさまで成長しているのか分かったり、「足を伸ばしてる！」「口を開けてる！」といった赤ちゃんの様子が見られることもあります。

最近では、エコーの精度もずいぶん上がっているので、3Dや4D画像を見せてくれる病院もあります。運が良ければ細かな表情まで見えることもあるので、それも健診の貴重な体験です。こうしたサービスがあるかどうかも、産院を選ぶ際に確認しておきましょう。

妊婦健診で、普段は見られないお腹の赤ちゃんの様子を見ることで、**「親になっていく」という実感が湧きやすくなる**でしょう。それも、隣にいる**「パートナーと一緒に親になっていく」という実感が生まれてきます**。これは**パパにとってはもちろん、ママにとっても、とてもうれしいこと**ですよね。

実際に、妊娠を告げられたときには実感が持てなかったものの、エコーで自分の子どもを見たら、パパの自覚が湧いてきたという男性の声も聞きます。

ママの安心も、パパの自覚も促せる、妊婦健診は一挙両得です！

もしどうしても仕事の都合で行けないというパパは、産院からもらえるエコー写真を、ママと一緒に見ながら話をしてはいかがでしょうか。

それだけでもママは、あなたがママのことも赤ちゃんのことも、きちんと気にかけてくれている、一緒に親になろうとしてくれていると感じられて安心できると思います。

つわりは「病気のようなもの」と捉えてみる!?

妊婦さんのトラブルで、代表的なものとして挙げられるのが「つわり」です。

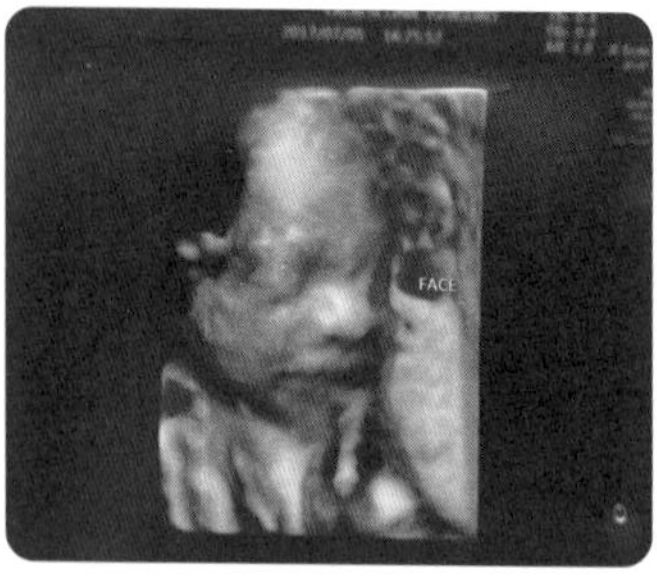

第二子の3D エコー写真

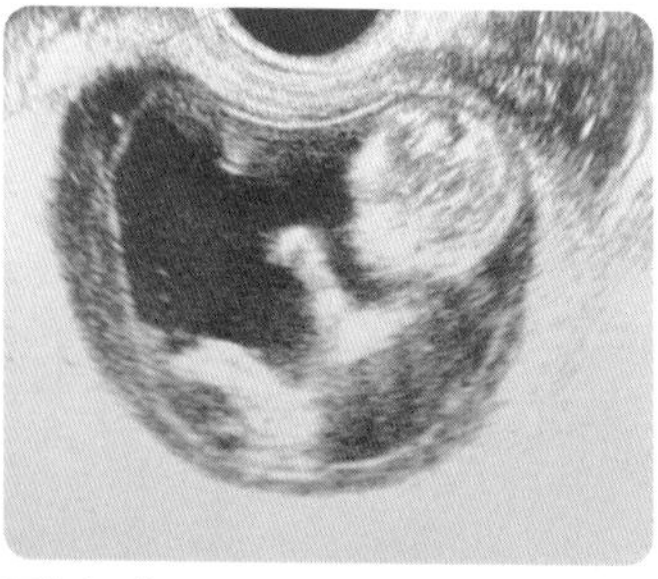
石丸家・第一子のエコー写真

常に吐き気が続く「吐きづわり」や、ずっと何か食べていないと吐き気がする「食べづわり」、ご飯が炊けるにおいやシャンプー、仕事帰りのパパのにおいなどで吐き気がする「においづわり」の他にも、だるさや眠気で寝ても寝ても寝足りない「寝づわり」やよだれが止まらない「よだれつわり」などがあると言われています。

一般的には、早ければ妊娠5週から始まり、8週~11週頃がピークで、遅くても安定期に入る16週までには収まると言われますが、この期間にも個人差があるので注意が必要です。

パパは実際につわりを体験できませんし、「妊娠やそれに伴うつわりは病気ではない！」と昔から言われてきたこともあって、ママの体調を気遣ってはいても、実際の大変さに気づくのは難しいところです。

でも、ぼくは妻のつわりをそばで見ていて、これはもう**「病気のようなもの」だと考えたほうがいいかもしれない**と思ったのです。

常に吐き気が続くなんて症状としては病気とあまり変わりありませんよね？
もし「妊娠やつわりは病気じゃない」といった一言が、つらくても家事や仕事を休めないと考えるママにとって呪縛になってしまったり、パパの「病気じゃないのに、何で家事ができないんだ!?」といったモヤモヤを生み出す原因になってしまうなら、お互いのためによくありません。

「つわりは病気のようなもの」と捉えてママをいたわり、できる限り力になることが、ママとパパ、二人でつわりを乗り切る一つの方法ではないでしょうか。

「今、何をしてほしいか？」を聞いて実行することがつわりの一番の薬

つわりに悩む妻に、ぼくが心がけたのは「今、何をしてほしいか？」を聞いて、その答えを実行することでした。

つわりは、全くなかったという人や安定期までひどかった、あるいは妊娠後期の胸焼けや胃もたれ、腰痛などの「後期つわり」がつらかった、というように個人差があるようですが、妊婦さんの50％から80％に起こると言われています。

第一子はつわりがひどかったものの、第二子のときにはなかったというケースもあり、ママの体質によるわけでもないようです。

つわりに個人差があるように、してほしいことだって、きっと人それぞれです。

風邪をひいたときだって、「おじやが食べたい！」と言う人もいれば、「プリンが食べたい！」と言う人もいます。「お風呂に入ったほうが治りが早い」と言う人もいれば、「布団でじっとしているほうがいい」と言う人もいますよね。

だからこそ、隣にいるパートナーがそのとき何をしてほしいのかを聞くのが確実なんです。

つらそうなママを気遣うあまり、いちいち聞くとかえって悪いかな、イライラさせるんじゃないかな？　と思うパパもいるかもしれませんね。

もちろん、タイミングは大切です。ぼくも最初からうまくいったわけではなく、声をかけたら「今はちょっとごめん（そっとしておいて）……」と言われたこともありました。だから、ママが安心していそうだったり、少し調子が良さそうなタイミングを見計らったりと、様子を気遣うことを心がけてみてください。

そのうちに、**毎回希望を聞かなくても、だんだん相手が望んでいることが分かってくるので、安心してください**。

ただ、一つ言えるのは、**つわりに悩むママが少しでも楽になる方法があるとしたら、とにかく身体を休ませること**です。

日々の洗濯や掃除、料理など、家事全般を引き受けているママはまだまだ少なくないので、ここはパパの出番です。家事をやって、ママに休んでもらいましょう（家事については、3章で詳しくお伝えします）。

つわりのあまりのつらさに「二人の子どもなのに、なんで私だけこんな思いをしないといけないの?」と泣けてくるママもいると聞きます。

妊娠と出産はどうしたって、女性に引き受けてもらうしかありません。

だからこそ、できる限り、ママがゆっくり休めるような環境づくりをこころがけましょう。

マタニティブルーで不安になるママをサポートする秘伝

妊婦さんに起こる不調として「マタニティブルー」と呼ばれる心の不調があります。妊娠によって、女性ホルモンであるエストロゲン(卵胞ホルモン)やプロゲステロン(黄体ホルモン)のバランスが乱れたり、心身の変化によって、涙もろくなったり、気分が乱高下する症状で、他に、疲れやすさや頭痛などが出る方もいるようです。

実は、妊娠中よりも産後に起こりやすいようですが、産前もお腹の中で赤ちゃんが順調に育っているか心配で漠然と不安を抱いたり、無事に産めるのかという、プレッシャーから、マタニティブルーになる方も多いようです。

そもそも体調の波もありますし、お腹が大きくなる頃には日中動きづらいうえに、夜、寝るのにも一苦労するという声も聞きます。不眠も重なってマタニティブルーになるのも頷けます。

また、「時代は令和だよ?」とも思いますが、いまだに、「初孫は男子」という期待をストレートに伝えてくる祖父母もいると聞きます。

つわりなどの体の不調だけでなく心の不調に加え、まわりからの目に見えないプレッシャーにさらされている妊娠中のママを一番近くで守れるのはやはりパパだけ。

仕事によっては、夫婦の時間をなかなかつくれない方もいると思いますが、できる限り、会話を大切にしながら、今日あった出来事や今の気持ちなどを共有すること。

これがぼくの考える「マタニティブルーをサポートする秘伝」です。心身ともに不安定な状態のママが一人で考え込んでしまうと、ほんの小さなことでも、大事になってしまうこともあります。

今、何が不安なのか、「一緒に考えようね」とするスタンスが重要です。

ママの体調がいいときには、**一緒に散歩に出かけるのもオススメ**です。安定期以降の妊婦さんは、お医者さんから「運動するように」「歩くように」と勧められることがあります。

ぼくも妻が妊娠中は、よく散歩をしていました。

そのときの注意点としては、ママの歩幅とスピードに合わせて歩くようにすることです。ママの負担にならない程度に体を動かせ、かつ会話を楽しむこともできます。良いこと尽くしなので、ぜひ試してみてください。

お役立ち
コラム

マタニティブルーはママのものだけではない!?

皆さんは「パタニティブルー」って、聞いたことありますか？

これは男性版マタニティブルーのことで、パパに起こる精神的不安やうつ状態を指します。

「子どもが生まれるから〝大黒柱〟としてもっと仕事を頑張らなきゃ」と〝昔ながらの男らしさ〟や〝使命感〟からストレスをかけたまま無理をしすぎたり、慣れない家事や育児に苦労したり、さらにはこの悩みを相談・共有できる場所（父親学級・パパコミュニティ）がまだ少ないために、限界まで追い詰められてしまうのかもしれません。

産前に父親のうつのリスクありと判定される頻度は8・5%。産後1年間では8・2

%～13・2%という研究結果（2020年・獨協医科大学徳満敬大氏らのメタ解析）もありますから、ママだけでなく、パパも頑張りすぎは禁物。

女性だけがママとして、男性だけがパパとして頑張ろうと無理をするのではなく、大変なこと、不安なことは、二人で共有し、支え合いながら解決策を見つけていくことが大切だとぼくは思います。

◆産前産後の男性のうつ状態の割合

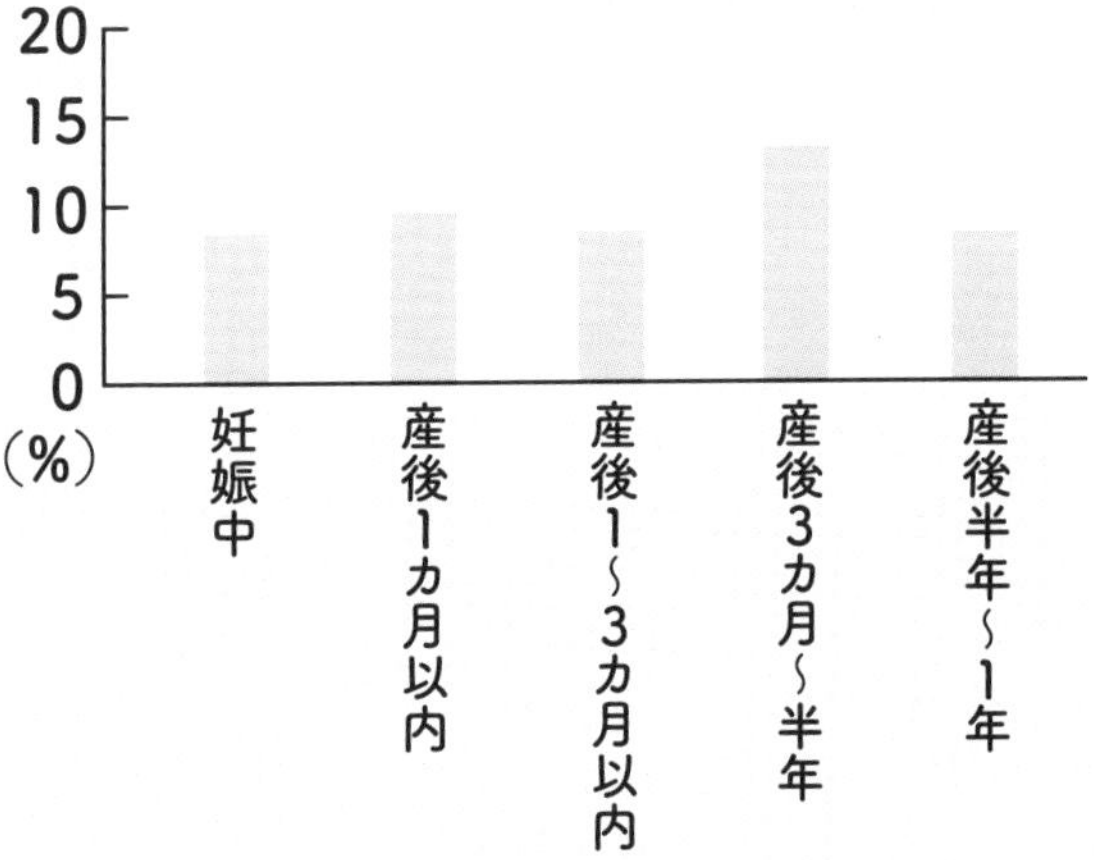

「Annals of General Psychiatry」誌 2020年11月18日号
獨協医科大学の徳満敬大氏らの解析結果より作成

ベビー用品の情報共有や一緒に買い物に行くことでママの不安が軽減!?

妊娠後期になると、赤ちゃんの誕生に向けて夫婦で共有したほうがいいことも増えてきます。

そこで、提案です。

ベビー服やベビー用品の情報をママと共有したり、一緒に買い物に行きましょう!

出産が迫ってきて調べ始めると分かりますが、赤ちゃんがどの季節に生まれるかによって、準備する肌着や洋服も変わってきます。

ベビーカーや抱っこ紐ひとつとっても、日本製から外国製のもの、生後何カ月から何歳ぐらいまで使えるか、などで、かなり種類がありますから、下調べをしておくのもいいですね。

ママにとっては、もうすぐ赤ちゃんに会えるという期待と、出産への不安との板挟みになる時期に、パパは一緒にベビー用品の話をしたり、買い物に行ってみてください。**たとえ出産への不安があったとしても、この時間だけは後ろ向きにならずに、確実に赤ちゃんとの幸せな未来を思い描けます。**

このワクワクした時間を夫婦で共有することで、二人で親になっていく実感がさらに高まることでしょう。

また、赤ちゃんの肌着や洋服は「水通し」といって、着せる前に水洗いをするのですが、できるなら、それも夫婦で一緒に行ってみてください。

かわいらしい小さなベビー服がズラッと並んで干してある光景は、「世界一幸せな洗濯」とも呼ばれていて、「いよいよ家族が増えるんだな」という幸せ感とともに忘れられない思い出になりますよ。

インスタのママフォロワーさんに聞きました！

赤ちゃんが生まれる前に夫婦でやっておいて良かったことベスト3

赤ちゃんが生まれると、これまでの生活が一変します。ママの体調を見ながら、今のうちに夫婦二人きりの最後の生活を満喫しておくことをオススメします。

では、先輩ママたちは産前にご夫婦でどんなことをしたのか？　フォロワーさんの声を集めて「赤ちゃんが生まれる前に夫婦でやっておいて良かったことベスト3」を挙げてみました。

【第3位】生まれてくる赤ちゃんのための準備

先ほどオススメしましたが、やはり**ご夫婦で赤ちゃんの衣類やベビーベッドなどを用意して良かった**という声が挙がっています。特に、ベビーベッドの組み立てなどの力仕事はパパの出番です。

それ以外にも**赤ちゃんの名前を決めたこと**、という声も少なくありませんでした。

実際に顔を見てから名前を決めたいという方もいらっしゃいますが、慣れない赤ちゃんのお世話をしながら、生後14日までに出生届を出さなければいけないので、のんびりはしていられません。何となくでも、産前に夫婦で名前について話し合っておくと安心できるかもしれませんね。

【第2位】赤ちゃんがいる生活のイメージや話し合い

赤ちゃんが家にやって来ることで生活がどんなふうに変わるかをイメージして話し

合われているご夫婦も多いようです。「何となくでもイメージして話し合っておいて良かった」という方も多数いらっしゃいました。

家事・育児の分担、生活のリズムなど、これまでとは大きく変わる生活をシミュレーションして話し合う時間を設けることで、出産に臨むママの安心感アップがはかれることもあります。

赤ちゃんがいる暮らしをイメージすることは、パパにとっても、「こんなはずじゃなかった!」という混乱を軽減するためにもいいようで、パパの産後うつ予防のためにも推奨されています。

【第1位】赤ちゃんがいると行きづらい場所への外出、夫婦二人の最後の時間を大事に過ごす

そして、圧倒的に多かったのがこちらです。

旅行や外食、中でも「子連れでは行きづらそうな場所に行った」という答えが多く見られました。

旅行など遠くへの外出には慎重になったほうがいいケースもあるので、お医者さんとご相談のうえ、無理のない範囲で計画してみてください。

近場での外食についても、特に外の環境に適応しにくいとされる新生児の頃は連れて行くのが難しかったりしますし、赤ちゃんが少し動けるようになると、今度は目が離せなくなって、ゆっくり食事ができなかったりします。妊娠中は夫婦二人でゆっくり静かに過ごす最後のチャンスです。

ママの身体の負担にならないように気遣いながら、思いっきり二人の時間を楽しんでください。

また、すでにお子さんがいらっしゃる方も、今の家族で過ごせる最後の時間。思う存分、楽しめるといいですよね。

ママ・パパ うれしいポイント!

- ☑ 妊娠を告げられたら、ママが「安心して一緒に子育てができそう」と思えるリアクションを取る!
- ☑ 妊婦健診に行くことで、ママの安心とパパの自覚をゲット!
- ☑ パパはつわりに悩むママをいたわり家事を行って、ママの身体を休ませよう!
- ☑ 夫婦の会話が増えればママの不安は減り、パパは寄り添い方が分かるようになる!
- ☑ 赤ちゃんを迎える準備を夫婦で行えば、二人で親になっていく実感がさらに得られる!

2章

ママの出産のとき、パパにしかできないこと

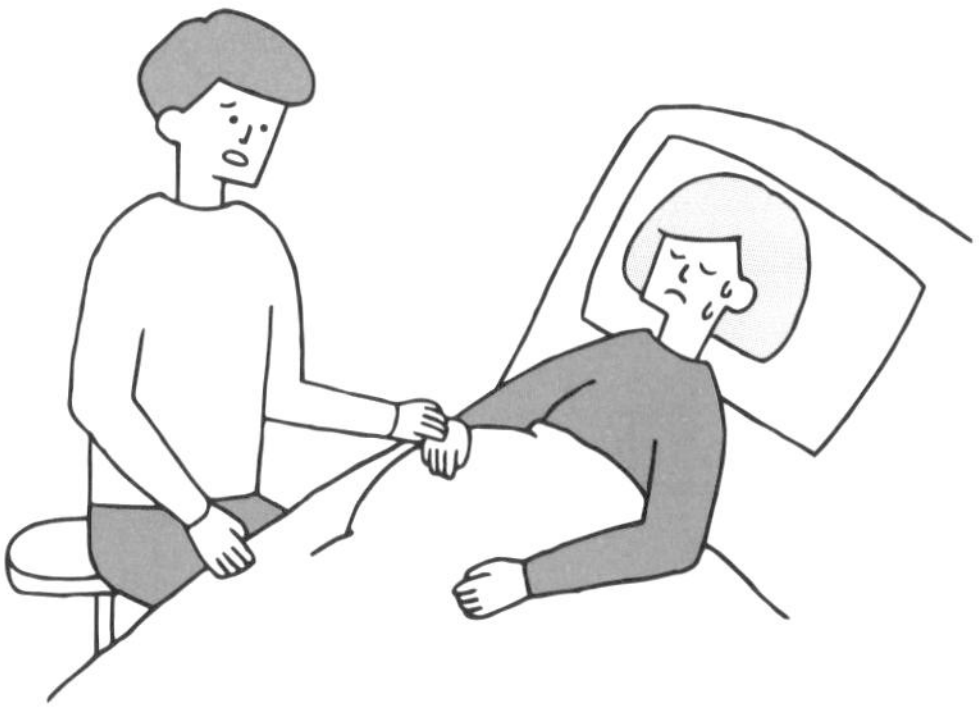

出産時のパパの行いは一生忘れられない!? セーフとアウトエピソード

「十《と》月《つき》十《とお》日《か》」と言われる妊娠期間も37週0日以降の正産期を迎えると、もういつ生まれてもいい状態です。さあ、いよいよ出産。待ちに待った、赤ちゃんとのご対面です！　ママもパパも、いつ生まれるか、と、ソワソワしている時期ですね。

ぼくが出産に立ち会ったときのことはのちほど詳しくお話ししますが、パパが思う以上に出産は壮絶です。思いがけないことが起きるケースもあります。

そうした大変な状況だからこそ、子育てのプロジェクトメンバーである**パパにしかできないこと、パパだからできること**があるはずです。

一方、ママにとって出産は、生涯忘れられないほどの出来事ですから、そのときパパがどう行動したかをずっと覚えているという声もあります。

「産前産後の恨みは一生」などということにならないよう、パパが、ママと生まれてくる赤ちゃんの力になれると、夫婦お互いにとってもいいですよね。間違いなくここは人生における重要ポイントです！

そこで、出産時に、パパにしてもらって助かったこと、逆にこれはちょっと……という、セーフエピソードとアウトエピソードをママフォロワーさんに聞いてみました。

◎これでパパ株が急上昇した出産時のパパの行動

では、まず、出産時にパパにしてもらって助かったことから見ていきましょう。

・「陣痛が始まった」という連絡をしたら、すぐに職場から駆けつけてくれたこと

いつもは仕事で帰宅が遅いパパも、このときばかりは駆けつけてくれてとてもうれ

インスタのママフォロワーさんに聞きました！

しかったという声がありました。

そして、一番多かった声が、

・陣痛中、鈍器で殴られているかと思うほど、腰が割れそうに痛かったとき、夫が思いきり腰を押してくれて助かった

・タオルで汗を拭いてくれたり、水分補給のサポート。いきみ逃し（赤ちゃんが出て来る準備ができるまでは、踏ん張って赤ちゃんを押し出すようにいきむのを我慢すること）をしているときに、目線を合わせて一緒に呼吸法をしてくれたこと

といった**出産時の身体面でのパパのサポート**でした。

出産前に各自治体や病院から案内される「両親学級」（主に出産の流れや赤ちゃんのお世話について学ぶ）でも、「ママの腰をさすったり、テニスボールを腰やおしり

の辺りに押しつけると痛みが和らぎやすい。パパはぜひやってみてください」と勧められることがあります。パパにできるサポートが載っているパンフレットが用意されていることもあるので、それを読んでイメージトレーニングをしてみましょう。

また、こうした身体面でのサポートと同じくらい多かったのが、**パパからの声かけや、そばにいてくれて助かったという精神面でのサポート**でした。

・隣にいてくれるだけで安心した
・手を握って励ましてくれたこと

といったママたちの声があるように、精神面でのサポートもパパの大事な役割です。

ぼくたち男性は陣痛や出産の痛みに耐えるママのそばにいても、実際の痛みを代わってあげることはできません。そういう意味では、たいして役に立たないと思うかも

インスタのママフォロワーさんに聞きました！

しれませんが、だからといって、いなくてもいい、ということではないはずです。**パパがただ隣にいてくれるだけで、心強い、安心感がある、そんなふうに感じているママはたくさんいるはず**ですから。

ただし、産む姿を見られたくないというママもいるので、立ち会いが絶対ということではありません。

1章でもお伝えしましたが、ママの性格や考え方によって、やってほしいこと、してほしくないことは違いますので、夫婦でしっかり話し合っておくことが大切です。

◎ママがモヤモヤするパパ株急落態度

では、次に出産時のパパのアウトエピソードを見てみましょう。

圧倒的に多かったのは、他人事のような態度を取られたり、いたわってくれないと

感じさせたりするような態度だったようです。

もちろん、ぼくたちパパにとっても出産は他人事ではないはず。

ただ、病院で何をしたらいいのか、どうサポートしたらいいのか分からなかっただけなのに、結果としてママに誤解されてしまうこともあります。

いくつかママたちの声をご紹介しますので、せっかくの立ち会いが水の泡にならぬよう、気をつけてください。

・陣痛室で昼寝。「こっちは痛いのになんで⁉」と思った
・のんきにタバコを吸いに行っていた
・陣痛で痛がっていると「そんなに痛い？」と、少し笑いながら言われた
・痛みを我慢している間、涼しい顔でノートパソコンで仕事をしている夫の姿にイラっとした

インスタのママフォロワーさんに聞きました！

今までに経験したことのないような痛みと闘っている中でのこうしたパパの様子に、ママたちはイライラしてしまうようです。

陣痛から始まって出産までは長時間にわたることが少なくありません。初産では、平均12時間から15時間（経産婦は5～8時間）と言われますが、24時間以上かかったというケースもあります。

仕事を終えて駆けつけたパパもいるでしょうから、ママの目の前でついうたた寝をしてしまうのも分かります。

ただ、**ここはママ・パパともに人生の大事な局面です**。ママは痛みでとても眠れる状況ではありませんから、そこはグッと耐えてください。

ママへのアンケートでは、**産後の入院中の食べ物に関するアウトエピソード**も少なくありませんでした。

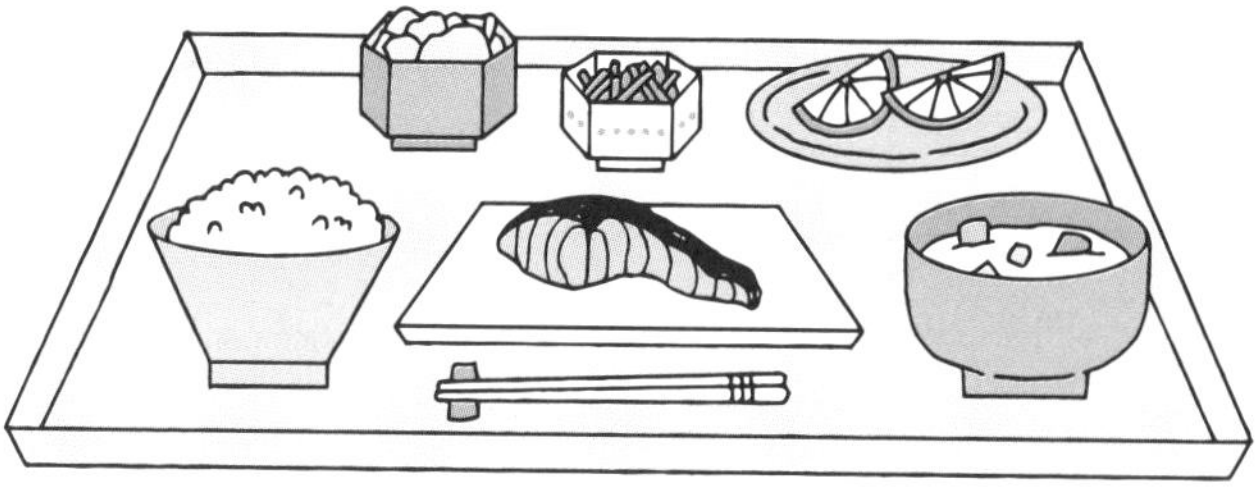

・私の分の朝ご飯を食べられてしまった
・産院で出された朝ご飯が食べきれず、「いらない」と言ったら、うれしそうにテレビを見ながら完食された
・出産後、ご飯が食べられない状況の中、夫からの食事の報告。しかも実際に食べた焼肉の写真つき

ママたちは妊娠初期から出産時まで、睡眠や食事のような通常なら当たり前にできることができない状態が続いています。

ぼくたちパパは、もちろんそれを完全に理解することは難しいですが、そのつらさを想像することはできると思います。

インスタのママフォロワーさんに聞きました！

そのちょっとした気遣いがママにとっては一生忘れられない思い出にもなるようです。

他にも、ママの出産が今どこまで進んでいるか、パパが自分の親へ何度も電話やLINEをしている姿にイライラしたというママもいました。普段だったら気にならない行動や発言も、出産時のママにとってはイライラポイントになりかねません。

せっかく、そばにいてくれるだけでうれしいというママの声があるのですから、気遣いが感じられないと思われるような態度を取ってしまって逆効果になるのはもったいないですよね。

ただアンケートの中には、

・出産までに30時間かかったが、夫が隣でゲームや食事、居眠りをしてくれたおか

げで、こちらも気張り過ぎずにいられた

・夫がクールで、ある意味冷静だったので、私も落ち着いた

というように、「気遣いをしていそうにない、いつも通りのパパ」の様子を見て、平常心で出産に臨めたという意見もあったので、やはり**しっかり二人で話し合いをしたうえで、相手を思いやる気持ちが大切**なのだろうと思います。

だいしメモ　出産時、パパのNGポイント！

先ほどご紹介した出産時のアウトエピソード、実はまだまだあります。ママたちからしたら「これはないわ～」というものばかりでしょうが、案外、ぼくたちパパはそこに気づかなかったり、無意識に行ってしまうことも……。

そこで、パパたちの「〝やってしまった〟アウトエピソード」をもう少しご紹介していきましょう。

まずは、こんなエピソードから。

「産後の祝い酒で酔っ払った夫に、病室の私のベッドを奪われた」
「産後、夫が病室の私のベッドで寝ていて看護師さんに驚かれた」

赤ちゃんの誕生にうれしくなって飲みすぎたり、無事に産まれたことで安心したりと理由があるのかもしれませんが、気をつけたいところです。

また、

「陣痛が始まり、分娩室に入る前までに義両親にメールを3時間近くしていた」

「陣痛が始まったことをLINEで知らせたら『電話したい』と返信が来た。何を話すの？ 『痛い』しか言えないぞ、とイライラ」

というエピソードもありました。まずは、ママのことを第一に考えた行動を取るように心がけましょう。

「出産直後、義理の両親が分娩室に‼ 夫が許可してしまったようだが、ありえない」

「産後、アポなしで大勢の親戚が毎日代わる代わる出産祝いに来た。寝られないし、授乳できないので、出産祝いはみんなの予定を合わせてなるべく同じ日になるように調整してほしかった」

といった声も多く寄せられました。

パパの両親も孫には会いたいし、パパだってすぐにでも会わせてあげたい！

もちろんその気持ちも大切ですが、出産直後の姿をあまり見せたくない、気遣いができないほど疲れているからかえって申し訳ないというママの本心もあります。

ここは、ぜひ両親とママの間に入って調整してみてください。大変だと思うかもしれませんが、これはパパにしかできない大事なミッションです。どう対応したらいいのかは後ほど詳しくお話しするので、参考にしてみてくださいね。

理想の「バースプラン」（出産計画）を ママとパパでつくってみよう！

バースプランとは、出産時のママやパパの希望をまとめたものです。

立ち会い出産をするのかをはじめ、最近では陣痛室で好きな音楽をかけたり、アロマオイルを焚いたり、さらには無痛分娩（麻酔を使って陣痛の痛みを和らげながらの出産）なども含めて、どんな出産にしたいのか、産後の入院生活をどう送りたいのか、など、さまざまなケースが考えられます。

二人でワクワクしながら、あれこれ話し合って、バースプランをつくるのも楽しいですよ。

ぼくも妻とバースプランを書き、出産時にどんなことをしたいと考えているのかを、出産を予定していた産院の方々と話し合いましたが、お互いの希望の擦り合わせができて非常に良い機会でした。

大事なのは、どのような出産にしたいのか、ママ・パパでじっくり話し合っておくことです。
これが、夫婦ともにいい出産だったと思える第一歩になるとぼくは思います。

というのも、今は立ち会い出産を希望するご夫婦も多く、ぼくも立ち会いましたが、立ち会い出産をしたというママからのこんな声もあったのです。
「出産を夫に見られたのがイヤだった。後から考えれば、世間でいいと言われている〝幸せな立ち会い出産〟をしたかっただけで、本心はイヤだったのかもしれない」と。

パパの中には「立ち会いはしたいけれど、血を見るのが苦手」という方もいると思います。そういうことも含めて、バースプランを話し合う中で産院に相談してみるのもいいですね。

だいしメモ 初めての立ち会い出産！ 反省エピソード

わが家の第一子の出産は、妻と話し合って助産院を選択しました。

また、当時の仕事のつながりで出会ったカメラマンさんから、マタニティフォトや出産の様子を映像に撮り、「出産は幸せなもの」だということを伝える趣旨の企画を提案していただきました。

確かに、その子の誕生は一生に一度のこと。妻とも話し合って、バースプランの一つに取り入れさせていただいたので、出産時には助産院にカメラマンが同行し、ビデオカメラや機材をセットする予定だったのですが、実際はその通りにはいきませんでした。

予定日はあくまでも「予定」なんですね。

「まいにちのたまひよ」（株式会社ベネッセ・2021年）でのアンケートでは、予定日に赤ちゃんが生まれたのは全体の4％とあり、わが家もその例外ではなく、予定日には産まれなかったのです。

赤ちゃんはお腹の中でどんどん大きくなりますから、予定日を超えると、出産のリスクは高くなると言われています。そこで急きょ、これまで通っていた助産院から提携先の病院での出産に予定が変更になりました。

いよいよ出産のとき、いざ分娩室に入って思ったんですね。「あ、ここでビデオを回さないといけないんだ！」と。カメラマンさんがやってくれるはずのことだったのですっかりぼくの頭から抜け落ちていたんです。ぼくにとっては初めて見る分娩室に、初めて扱う機材で、セットするのにずいぶん時間がかかってしまいました。

あとから考えたら、この時間がもったいなかった。ここでのもたつきがなかったら、もっと前から妻に寄り添えたんじゃないかな、と思います。事前準備もなかったので、もしかしたら、機材が看護師さんの邪魔になっていたかもしれません。

しかも、あとでビデオを見てみたら、カメラが違うほうを向いていて、映像がきちんと撮れていなかったというオチまでついていました……。

でも、これがカメラのことばかり考えていて、妻のことをそっちのけという話ならもっとピリついていたと思うので、これから赤ちゃんを迎えるパパは特に気をつけてくださいね。

出産は思い描いたように進むとは限りません。

考えてみれば、人のいのちがこの世に生まれてくるのですから、ぼくらの思い通りにいかないことのほうが当たり前なんですよね。

だからこそ、**いろいろな可能性もふまえて、夫婦で具体的なバースプランや事前準備を考えてみてください。**

ぼくの子育てスイッチが入ったきっかけ
――産前編――

では、いよいよ第一子誕生に立ち会ったときのことをお話ししたいのですが、その前に、ぼくが今のように子育てを行うようになった大きなきっかけの一つをお伝えします。

1章でも書いた通り、ぼくの場合、結婚当初から「パパが始まっている状態」だったので、子どもが生まれたら積極的に子育てをしよう、とは思っていました。ただ、それは今から考えると、とても漠然としたものだったんです。

妻の妊娠が分かり、だんだんお腹が大きくなっていくにつれて子育てへの思いが高まってはいったのですが、それが固い意思になった出来事がありました。

当時、ぼくはいわゆるベンチャー企業に勤め、始発から終電まで一日中仕事に追われるような日々を送っていました。緊張感のある職場で常にピリピリした状態でしたし、そのうえぼく自身が人間関係がうまくいっているとは言い難く、苦しい状況でした。そんな中、知らず知らずのうちに、自分の中でストレスを溜め込んでしまっていたようです。

妻が妊娠7カ月を迎えた頃だったでしょうか。ついに身体に異変が現れました。突然、目が開けられないほどまぶたが赤く腫れてしまったのです。眼科を受診すると、原因不明とのこと。

職場は常に人手不足で休めるような状況ではなかったので、眼帯をしながら仕事をしました。そもそも出産を控えた妻がいるわけですから、当時は「一家の大黒柱」という認識もあり、仕事を辞めるという選択肢はぼくの中にはありません。妻にも余計な心配をかけたくなくて、とてもじゃないけれど、仕事のことは相談できませんでした。

そのまま仕事を続けていくうちに、いつのまにか「こんなに頑張ってもダメなら、人生まるごとやめてしまったほうがいいかもしれない」と考えるまでにメンタルも崩れ、追い詰められていました。

「ああ、本当にもう無理かもしれない」——。

そんなふうに思っていたぼくに、臨月を迎えた妻がこう言ったんです。

「つらいなら、頑張って無理しなくていいんだよ。あなたが必要とされる場所は他にもあるはず。それに、もっと大事なことが絶対にある。一人で抱え込まなくていいんだよ」って。

その言葉にぼくは救われたんですね。

フウっとようやく息がつけた気がしたのです。

今の職場じゃなくても、他の仕事先があるかもしれないと、やっと新たな選択肢を考えられるようになった。

不思議なものですね。「こうじゃなければいけない！」とがんじがらめになっていた思考から離れた途端に、状況は変わっていなくても、少しだけ心の中に余裕が生まれてきたのです。

仕事はもちろん大事です。でも、それよりも、もともと大事に思っていた人のことをもっと見よう！　そもそもぼくが本当に大切にしたいことは何だったっけ？　と考えたら、それは、家族との時間でした。

こんなふうに、そばでぼくのことを見てくれて、大きなお腹を抱えて大変な状態にもかかわらず、心配して声をかけてくれた妻のことを大切にしたかったんじゃなかったか、と。そして今まで以上に、さらに大事にするんだと決意したんです。

じゃあ、ぼくが妻のためにできることって何だろう？　と考えて出した答えが、妻を大切にすること、パパとして一緒に子育てをすること、それができるような自分たちらしい生き方を二人でつくることだったというわけです。

ぼくの子育てスイッチが入ったきっかけ
――出産編――

パパとしての決意を固めさせてくれたもう一つの出来事が出産に立ち会ったことだったのですが、これが想像以上に壮絶でした。

ぼくの立ち会いは、出産予定日から6日過ぎた夜の22時頃、「陣痛が来た」と妻からＬＩＮＥが来たことで始まりました。

仕事を終え、二人でタクシーに乗って病院に着いたときには、妻はすでに歩けない状態だったので、車椅子で分娩室に向かいました。
妻だけが分娩室に入り、その後、ポツンと取り残されたぼくは、病院の薄暗い廊下のベンチに座って待機。慌ただしく妻と別れたことや、日付が変わる頃の病院の空気感に、不安がジワリと襲ってきます。
30分ほどで分娩室に呼ばれたのですが、ぼくにとっては気が遠くなるほど長い時間でした。

分娩室には、汗をかき、苦しそうに何度も体勢を変える妻の姿がありました。陣痛は来たものの、お腹にいる赤ちゃんの出口である子宮口がなかなか開きません。そこから、翌日のお昼頃まで、妻は長い陣痛に耐え、時折、痛みに叫び声を上げながら、ようやく待望の赤ちゃんが生まれてきてくれたんです。

ああ、やっと生まれてきてくれた……。赤ちゃんにも、妻にも、頑張ってくれてありがとう！　という感謝の気持ちでいっぱいでした。

小さな顔、意外とシワシワな小さな手足、キュッと閉じている目、かわいすぎてたまらなかったのを覚えています。

ところが、これでひと安心というわけにはいきませんでした。妻の出血が止まらなくなってしまったのです。分娩室の空気が一変し、「輸血か？　手術室へ搬送か？」と、看護師さんたちがバタバタし始めました。

すぐに、ぼくも、途中で合流して隣にいた妻の両親も、分娩室から出るように言われてしまいました。

最終的に妻はいのちを取り留めましたが、出血は１５００㎖にもなりました。

出産は、母親も子どもも無事で当たり前と思われている方もいると思いますが、現代の医療をもってしても、出産には「もしかしたら……」ということがあり得るんだ、命がけなんだと分かった瞬間でした。

このとき、ぼくは妻と子どもそれぞれのいのちを守り、大事にしないといけないと決めたんです。

さて、長々とぼくの体験を話してしまいました。

ぼくの場合は、この二つの出来事で子育てへの思いがグッと固まったわけですが、こんな危うい体験などないに越したことはありません。

だからこそ、大きな出来事がなくても、ママや子どもを大切にする子育てをするために、そして大切に思っていることが家族にきちんと伝わるように、ぼくの経験から、家族へのちょっとした気遣いや関わり方をお伝えできたら、と考えたのです。

一緒に頑張ったと夫婦で思える立ち会い出産にする重要ポイント

では、実際に、陣痛・分娩時に立ち会う場合、パパは何をしたらいいのでしょうか。

本章の冒頭でママたちの声を紹介しましたが、やはりこれはNGだろうと思うのは、「他人事のようになってしまう」ことです。

例えば、必死に陣痛に耐えている最中にパパの口から出た「まだ、生まれないの?」といった言葉は、ママの側に立つとかなり破壊力のある一言です。

パパからすれば、仕事で疲れている中で病院に向かったうえに、出産まで何時間かかるか分からないという状況に、たまらず口をついてしまっただけ、なのかもしれません。

でも、いつ生まれるのか知りたいのは、実際に陣痛に耐えているママだって同じです。

他人事になってしまうと、ついそういう一言が出たり、ずっとスマホばかり見てしまったり、あるいは状況を逐一、自分の親や友だちに連絡してしまったりします。連絡するのが悪いわけではないのですが、**今、最優先すべきはママ**です。

フォロワーさんのアンケートで、パパからの声かけがうれしかったという声もありましたが、これはかなり個人差があると、ぼくは見ています。

「痛いのにそばでうるさい！　静かにしてよ」「『頑張れ』って言われても、もう頑張ってるよ！」と、中にはイライラしてしまうママも少なくないようです。

では、ぼくの場合はどうしたのかというと、妻の身体をさすったり、なるべく妻の気持ちやしてほしいことに寄り添うように努めていました。

陣痛には波があります。やみくもに声をかけるのではなく、痛みが少し和らいでママの状態が良さそうなときに、してほしいことを聞くといいですよ。

さらに、出産は長丁場です。ママと一緒に頑張ろうと思っても、実際にはずっと集中するのは難しいというパパももちろんいるでしょうから、もしママが気を許せる身内がパパ以外にいるなら、その人と交代で休みを取りながら、チームプレーでママを支える方法を考えるのもいいかもしれません。

「出産時はうろたえることが起きる」という心構えが冷静さを生む!?

出産時にはママ・パパお互いに良い状態でいられるように、可能な限り不安要素は事前につぶしておきましょう。

例えば、パパの仕事関係についてです。

何の準備もしないまま出産に臨んでしまうと、取引先から連絡が入ってくる可能性もありますよね？

あらかじめ会社に予定日を伝えておき、職場の同僚に引き継ぎをしたり、業務が滞りなく進むかの確認などを含め、事前に自分の仕事を済ませておきましょう。

仕事関係でバタバタしないことで、集中して出産に臨めるようにすることも大切なサポートだと思います。

ただ、どれほど準備をしていても、当日、うろたえることも出てくると思います。

お話しした通り、ぼくもうろたえずにはいられないような出来事が起こってしまいました。こうした母子のいのちに関わるようなことではなくても、第一子ともなれば、未知の経験に、パパもうろたえてしまうことがあるかもしれません。


それなら思い切って、きっと、うろたえるようなことがあるだろうな、と考えておいてはいかがでしょうか？

あらかじめ、そういう心の準備をしておくのです。

これは、実際に想定外のことが起きたとしても、表面上は冷静さを装うための作戦と言ってもいいでしょう。


というのも、出産真っ最中のママこそ、冷静ではいられない状態にあるはずですから、そのうえパパが動揺してしまうと、ママの不安をあおりかねません。

だからこそ、**パパの心構えとしては、ママに「大丈夫だ」と思わせるような存在で**

いること。

それがママにとって、きっと何よりも安心感につながりますよ。

赤ちゃんと祖父母との初対面はパパの立ち回りがとっても大事！

先ほども少しお伝えしましたが、出産中、あるいは、出産直後にママのためにできるもう一つのパパの大仕事、それが、**赤ちゃんと自分の両親との対面のタイミングを図ること**です。

孫に会いたいと思うおじいちゃん、おばあちゃんの気持ちは痛いほど分かります。気が早い話ですが、もしぼくに孫が生まれたら……、なんて想像すると、やっぱり早く顔を見たいと思うんですよね。

加えて、あなたのご両親は、お嫁さんに対していち早くねぎらいの言葉をかけたいと思っているかもしれません。

しかし、やはり大事なのは、出産時に最優先すべきはママだということ。

まずは、いつ初対面するのか？　出産前にママの希望を聞いてみてください。

そのうえで「今は妻を休ませておきたいから、もう少し後に」、「短い時間なら来てもらって大丈夫」というように、パパが立ち回って親御さんに連絡を取りましょう。

重要なのは「妻が『面会はもうちょっと後にしてほしい』と言っているから」などとは決して伝えないこと。あくまで、あなたがママの身体を心配して、そうしてほしいと思っている、と伝えてください。

ここは、パパとしての腕の見せ所です！

参考までに、ぼくの場合をお話ししましょう。

当時、ぼくたち夫婦は関東近郊の妻の実家近くに住んでいて、出産もその近くの病院にお世話になりました。妻の両親にはもともと出産当日のサポートをお願いしていため、先ほども書いたように出産時の立ち会いもしていただきました。

一方、ぼくの実家がある新潟から両親がお見舞いに来たのは、出産翌日の夕方頃です。

前もって「妻は産後で疲れているから、病院には長居できないよ」と、伝えておきました。

両親を病室に連れて行き、妻と軽く挨拶を済ませたあとは、ぼくが赤ちゃんを連れ出し、別室で対面の時間を取りました。せいぜい10分か、20分程度だったでしょうか。初孫ということもあり、とても喜んでいました。

ぼくはそのあと両親と三人で出産のときの話をしたりしながら食事をしました。もし、あなたのご両親がお嫁さんに伝えたいことがたくさんあるなら、こうした時間に代わりにパパが聞いておき、あとで伝える**〝メッセンジャー〟の役割を担う**のもいいですね。

この対面は、ママと、あなたの親御さんとの関係性によりますから、お互いに長時間一緒にいても全く気にならないと言うのなら、良くも悪くも、パパの見せ場はありません。

一方で、義両親が赤ちゃんの面会に来ないことで、「祝福されていないのかもしれない」「嫁として認められていないのでは?」と不安に思うママもいるようなので、ママは面会を避けたいはずという決めつけは禁物です。本来は「嫁として認められる」なんて考えなくていいと個人的には思うのですが、さまざまな事情があるはずなので、やはりまずはご夫婦でじっくり話し合われることをオススメします。

それも**出産前と、できれば出産後に再度確認してみてください**。

出産で想像以上に疲労困憊してしまい、ママの希望が変わるということもあります。

赤ちゃんが生まれると、あなたのご両親とママとの関わりは今までより増えるでしょう。

初対面は赤ちゃんを含めた新たな関係性を築く第一歩。ママも、おじいちゃん、おばあちゃんも、気持ちのいい環境が築けるようにパパが立ち回ることができれば、産後の家族関係も良い状態を保てるはずです。

立ち会わなかったパパも必見！まだまだあります、ママのサポート

ぼくたち夫婦は立ち会い出産を選択しましたが、もちろん立ち会いが全てではありません。

ママが立ち会い出産を希望しなかったり、遠方での里帰り出産や帝王切開、また、2020年からののコロナ禍での立ち会い不可の状況など、パパが立ち会わない・立ち会えないケースも珍しくありません。

でも、たとえ**赤ちゃんの誕生の瞬間にはいられなかったとしても、パパとしてできることはたくさんある**はずです。

実際に、ママたちからも、

・コロナ禍で立ち会いができなかったけれど、顔を合わせた直後に「一人でよく頑張った」と言われて涙がこぼれた

・帝王切開の直前直後はそばにいてくれたので、安心して出産に臨めた

という声がありました。

他にもパパにできることとしては、ママの退院に備えて、少しずつでもできる家事を増やしたり、赤ちゃんのお世話をするための情報を集めておくなどいろいろあります。

赤ちゃんに関する役所での手続きも、新生児を抱えてなかなか身動きが取れないママよりも、フットワークの軽いパパのほうが間違いなく適任です。

産後は、出生届や乳幼児医療費助成、児童手当や健康保険証の申請など、短期間で提出しなければいけない書類がいくつもあります。

ここでの書類作成経験が赤ちゃんの今後の健診や予防接種の書類対応でも活かせるので、ぜひパパがドンと引き受けてください。

◆出産後に行う手続き

手続き内容	提出・申請の期限	提出窓口
出生届	出産日を含んで14日以内	市区町村の役所
出生連絡票	出産したらできるだけ速やかに	市区町村の役所 保健福祉センター
児童手当の申請	出産日を含んで15日以内が望ましい	現住所の市区町村の役所
健康保険加入申請	出産したらできるだけ速やかに 国民健康保険は出産日から14日以内	社会保険は保護者の勤務先 国民健康保険は市区町村の役所
乳幼児医療費助成の申請	出産したらできるだけ速やかに	市区町村の役所
出産育児一時金の申請	受け取り方法によって入院までに、または出産翌日から2年以内	産院または健康保険の担当窓口
出産手当金の申請	産後57日目以降	産休中の保護者の勤務先
育児休業給付金	育休開始から4カ月以内	産・育休中の保護者の勤務先
子育て応援給付金の申請 (新生児訪問などの面談を受けていることが条件)	生後4カ月頃まで、生後6カ月頃までなど、各自治体によるため要確認	電子申請や書面申請など、各自治体によるため要確認

出産後、パパに言われてうれしかった言葉

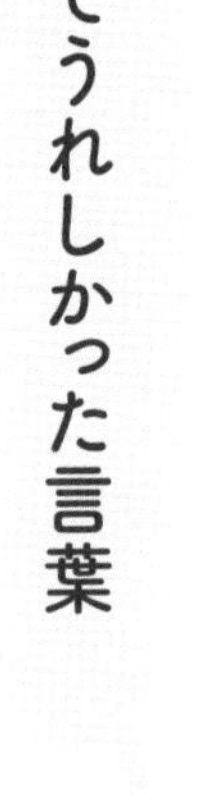

出産という大仕事を終えたママは、パパから声をかけてもらった一言を、ぼくらが想像する以上に覚えているようです。

では、どんな言葉がうれしかったのか、ママたちの声を聞いてみましょう。

ダントツで多かったのは、

・頑張ったね
・産んでくれてありがとう
・お疲れ様

といった、感謝やねぎらいの言葉でした。

インスタのママフォロワーさんに聞きました！

ぼくの妻も、「ありがとう」の言葉がうれしかったようで、一番心に残っているとのことでした。

ただ、パパから言われてうれしかった言葉が特になかったというママも、実は多数いらっしゃいました。

パパも気が動転してなんて声をかけたらいいのか分からなかったり、初めて見る出産や、生まれたての赤ちゃんに声を失ってしまったのかもしれませんが、やはり**ママとしては、「お疲れ様。頑張ってくれてありがとう」と言われたかった**という声が挙がっているので、心に留めておいてください。

それから、ママへのねぎらいだけではなく、生まれてきた子どもについて**「赤ちゃん、かわいいね」と言われるとうれしい**という意見もありました。

また、これといった言葉はなかったものの、**赤ちゃんにメロメロの様子を見てうれ**

しくなったというママや、大変だった出産時の愚痴を聞いてくれてうれしかったというママもいました。

一方で、出産後、疲れ切っているときに「ひどい顔してるよ」「赤ちゃん、サルみたい。思ったほどかわいくはないね」などと、口を滑らせてしまったパパに、ママがモヤモヤしたという声もありました。

夫婦だからこその気安さから出てしまった一言かもしれませんが、産後の母体は、全治1カ月の交通事故に遭ったのと同じくらいのダメージを受けた状態だとも言われています。デリケートな状態のときだからこそ、ママに寄り添った言葉を心がけてみてはいかがでしょうか？

パパになったあなたに伝えたい、とても大事なことを書きます。

だいしメモ

ときにはママを名前で呼んでみよう！

たまにはママのことを名前で呼んでください。

子どもが産まれると、お互いのことを「ママ・パパ」「お父さん・お母さん」と呼ぶようになる夫婦は少なくありません。
周りにも子どもを通じた知り合いが増えていくと、「○○ちゃんママ」「○○ちゃんパパ」と呼ばれることが多くなっていきます。

でも、「ママ」としか呼ばれなくなったら、自分の名前や存在が消えていくような寂しさや怖さを感じるというママも中にはいます。実際ぼくも子育てをしている中で、子育ての現場（幼稚園や学校、支援センター、病院など）に行くと「○○ちゃんパパ」

と呼ばれることばかりで、この感覚はすごく分かるんです。

また、パパは子どもが産まれても、仕事先では名字で呼ばれたりして、まだこれまで通りの感覚があるはずですが、結婚後、パパの姓に変わるママが多い中、専業主婦や共働きで育休中の場合は、そういった機会さえなくなっていくことも珍しくありません。

ぼくが今でも妻を名前で呼ぶのは、その人自身を大事にしたいと思っているから、というのも理由の一つ。親や夫婦になる前に恋人同士として過ごしてきた期間や、もっとさかのぼって、出会う前のその人の歴史や足跡も大切にしたいからです。

そして、ぼくらパパが子どもの父親という役割も担いつつ、「夫」であることも忘れずにいられれば、夫婦円満にもつながるとぼくは信じています。

ママ・パパ うれしいポイント！

- バースプランを一緒に考えることで、二人で出産に臨む準備ができる！
- 出産中にママの望みを叶えることで、パパは二人で子どもを迎えたと感じられる！
- ママと赤ちゃんの身体を思いやって、パパが赤ちゃんと親族の初対面に一役買おう！
- 出産後の慌ただしい時期に、役所の手続きをパパがやってくれるとママは大助かり！

3章

赤ちゃんが
うちにやってきた！

インスタのママフォロワーさんに聞きました!

0歳児、何が一番大変だった!?

ママが無事に出産を終えると、いよいよ赤ちゃんとの暮らしが待っています。
驚くほど小さくて、フワフワのかわいらしい赤ちゃん。

振り返ってみると、この0歳の頃の、いわゆる「赤ちゃん」の時期が終わるのは想像以上にあっという間です。

小さな指、まだ頼りない泣き声、プニプニのほっぺ、赤ちゃん特有のいい匂いなど、後悔しないように、ぜひこの短い期間限定のわが子の姿を存分に味わっておきましょう!

では、0歳のこの時期、子育てにおいてどんなことが大変なのでしょうか?

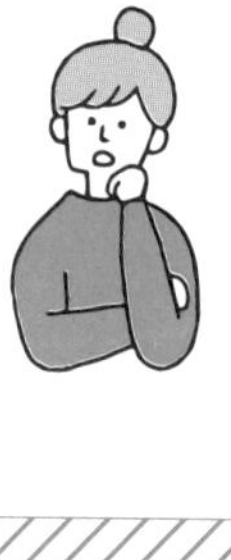

ママたちの声で圧倒的に多かったのは、**授乳**に関することでした。

一つは授乳そのものに関する悩み。

もう一つは、夜間授乳や頻回授乳による睡眠不足や疲労でした。


授乳に関してはのちほど少しお話ししますが、ぼくたち男性は、子どもを産んだママからは自然に母乳が出て、それを赤ちゃんはラクラク飲んですくすく大きくなっていく、という聖母子像的なイメージを抱いてしまいがちではないでしょうか。

実は、当のママたちからも、授乳でこれほど苦労するとは思わなかった！　という声が挙がるほど、想像以上に授乳の悩みは深いようです。


次に、**夜泣きや寝かしつけによる睡眠不足**。

おむつ替えや授乳など、考えつく限りの手を打っても赤ちゃんが泣きやまず、睡眠不足も重なってどうしたらいいか分からなくなった、という声もありました。

インスタのママフォロワーさんに聞きました！

　また、「おむつ替えや沐浴（ベビーバスなどにお湯を溜めて赤ちゃんを入れ、体を洗う）、授乳など、赤ちゃんのお世話のすべてが前かがみの姿勢なので、肩こりや腰痛に悩まされた」といった**身体的な負担や、「いつも孤独感がつきまとっていた」といった精神的な不安定さ**などもママたちの悩みの声として挙がっていました。

　ここで、グラフを見てください。

　これはライフステージごとに、

◆女性の愛情曲線

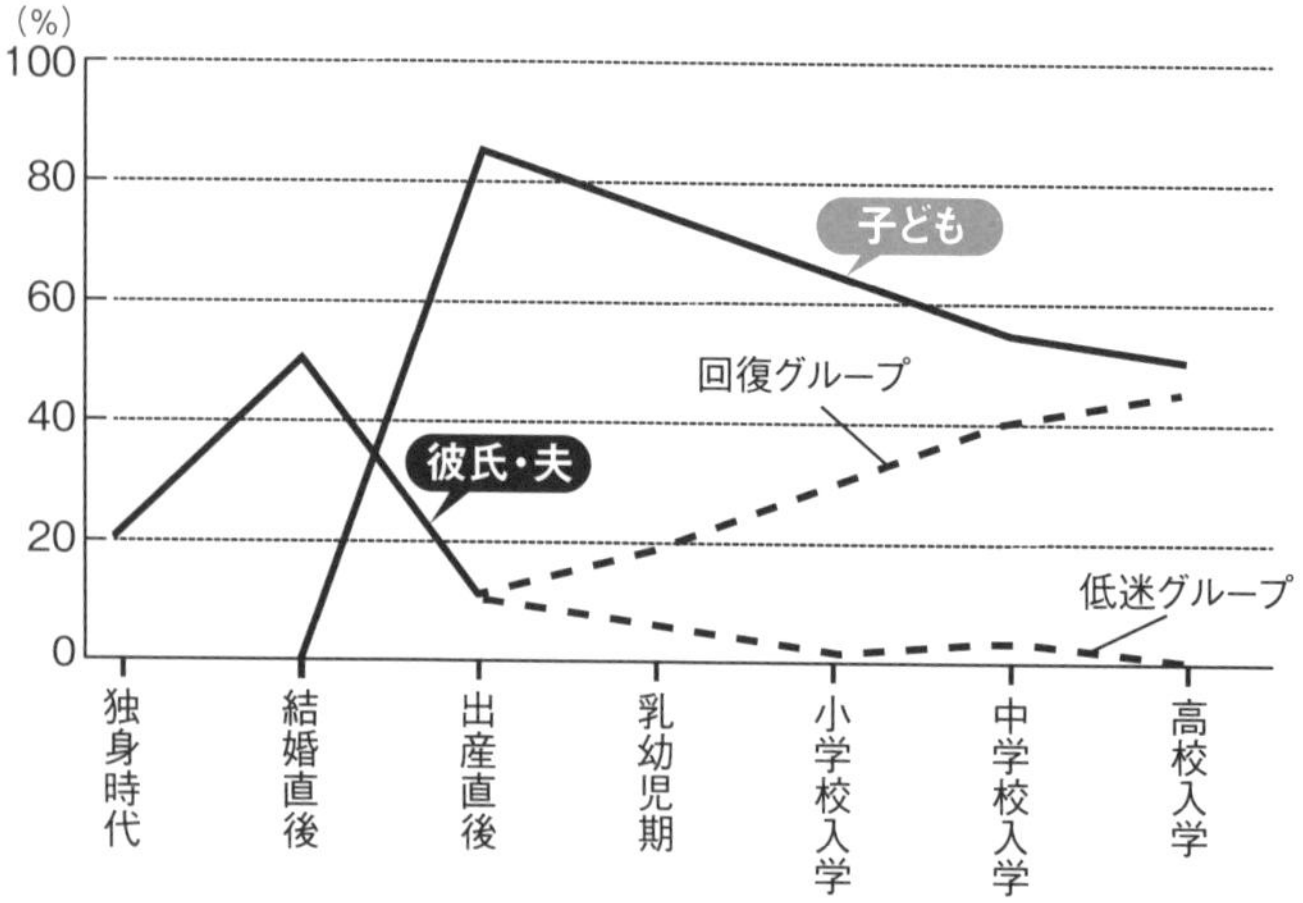

出典「夫婦の愛情曲線の変遷」（渥美由喜）をもとに作成

女性の愛情がどこに向かっているかを調査した愛情曲線のグラフです。

グラフから分かるように、結婚直後は夫への愛情が最も大きくなります。

そして、子どもが生まれると、子どもへの愛情が最も高く、夫への愛情はガクンと落ちていますね。

注目すべきは、その後なんです。

夫への愛情がさらに下がって限りなく0に近づくグループと、回復していくグループがあるのが分かるでしょうか？

愛情が回復したのは、実は乳幼児期に「夫と二人で子育てをした」と答えた女性のグループ。

そして、**愛情がさらに低迷したのは、「私一人で子育てをした」と答えた女性のグループ**だそうです。

つまり、乳幼児期にいかにママとパパが自分たち家族の未来を話し合ったり、家事

インスタの
ママフォロワーさんに
聞きました！

や育児、仕事の価値観のすり合わせなどを含め、二人で一緒に子育てができたかが、その後の夫婦や家族の在り方を左右するのです。**乳幼児期の子育てはそれほどまでに大事な時期**といえるでしょう。

初めての子育て、しかも、特に新生児期（誕生から生後1カ月まで）からしばらくは、24時間体制でお世話をしなければいけません。

産後うつを最も発症しやすいとも言われているこの時期、パパができること、ママ・パパがタッグを組んでできることを考えてみましょう。ここで夫婦お互いに分かり合えたら、きっと育児が本格的に始まるこれからの人生がもっと楽しくなりますよ！

ママが新しい身体と付き合う第一歩となる産後はパパの頑張りどころ!!

よく「産後のママの身体が元に戻るまでにどのぐらいかかるのか?」といった質問や、「その間はパパが頑張って!」といったことを耳にします。

でも、ぼくは、「身体が元に戻る」のではなく、むしろ、**産後、ママは新しい身体になる**と考えています。

その理由は二つあります。

①胎児の成長につれ広がった子宮によって、胃や腸が押し上げられるが、出産を経ても全く同じ元の位置には戻らないのではないかと思うため

②産前産後はホルモンバランスが変わる。それによって体の不調が起こり得るため

ですから、この時期のパパの重要な役割としては、**「産後、（慣れない）新しい身体に変わったママにどう寄り添うか？」**があります。

中でも、**「産褥期《さんじょくき》」と呼ばれる産後6〜8週間頃まではしっかり身体を休めなければいけない時期**とされています。

この時期に無理をさせてしまうと、徐々に回復していくはずの産後の身体に後々までダメージが残ってしまうこともあるのです。

実際にぼくの妻がそうでした。

妻は第一子出産後、体のことを気にしつつも、育児・家事を無理して行っていました。大変そうだと感じて、ぼくも家事や育児を頑張ってはいたのですが、初めての子育ては手探りのことも多く、妻も無理をしてしまったところがあったのだと思います。

その結果、「腹直筋離解（お腹の中心で腹筋を繋いでいる繊維が伸びて薄くなり、腹筋が離れた状態）」になってしまいました。

よく下腹が引っ込まない原因としても挙げられ、産後のママに「お腹が出てるね。ダイエットしたら？」などとふざけて言うパパもいると聞きますが、こうした症状であることも珍しくなく、何よりそういった言葉に傷つくママが少なくないということも心得ておきましょう。

それに、見た目だけの問題ではないのです。お腹に力が入らなくなったり、お腹が内臓を支えられなくなり、体幹が不安定に。それが腰痛や肩こりの原因にまでなると言われています。

産後は慣れない赤ちゃんのお世話に必死で、ママは自分の身体のことは二の次です。違和感があっても、そのままやり過ごしてしまう方も少なくありません。しかし、**ママが体力を回復するためには、新しい身体との上手な付き合い方が欠かせません**。

これはぼくの反省も込めて言います。

だからこそ、この時期はパパがよりママの様子を気にかけたり、身体の無理を一つでも減らせるように、家事や育児など、できることを探して行ってみてください。

パパが抱きがちな授乳の「理想と現実」

赤ちゃんのお世話の中で、かなりの時間を費やすのが授乳です。

一言で授乳と言っても、母乳育児、ミルク育児、その両方を取り入れた混合育児があります。

その中で、母乳による直接の授乳は、残念ながらぼくたちパパにはできません。

しかし、**母乳育児のママたちの授乳の苦労を知り、その苦労に寄り添うことが、大きな支えになる**と考えます。

そこで、まずはママたちがなぜ授乳に苦労するのか、お話しさせてください。

基本的に、新生児期から生後3カ月頃までの授乳は、**昼夜問わず、3時間おき**と言われています。

つまり、単純計算すると、**一日に8回の授乳**が必要になってきます。ぼくの子どもが赤ちゃんの頃を振り返ってみても、一日平均7～9回程度でした。

これはまだ赤ちゃんの胃が小さく、一度にたくさん飲めないためだそうです。

また、授乳の時間には個人差がありますが、**一回で10分から20分を目安**に、と言われることが多いようです。

ところが、なかなか**教科書通りに進まないのが授乳の難しいところ**です。まず出る量や出始めるタイミングにも当然ながら個人差があります。

中には赤ちゃんがちょこちょこしか飲まず、毎日12回近くも授乳をしていたというママもいます。

しかもミルクなら飲んだ量が目に見えて分かりますが、母乳育児においては、赤ちゃんが実際に飲んだ母乳の量は目に見えるわけではありませんから、きちんと足りているのか、常に不安になってしまう、というママもいるようです。確かにそうですよね。

また、母乳をつくる乳腺という部分が炎症を起こす乳腺炎や、赤ちゃんが乳首をうまくくわえられないことで出血や傷が絶えず、授乳する度に痛みを伴ったという声もありました。

ぼくの妻も、乳腺炎で胸が張り、熱まで出てしまいました。その後、乳腺炎になりそうなときは、助産院で紹介された漢方を煮出したり、実際に熱が出てしまったときには、とにかく妻の体を休ませたりするようにしていました。

さらに、以前、インスタに寄せられた悩みの一つに、ホルモンの働きが悪さをすることで（原因は諸説あり）、授乳時に不快感やイライラを引き起こす「D-MER《ディーマー》

（Dysphoric milk ejection reflex・不快性射乳反射）」という症状もありました。

よく考えてみると、**出産直後から母乳をあげるママも、飲む赤ちゃんも、授乳の初心者**です。多くの場合は、お互い探り探りなんですね。

授乳と聞くと、キリスト教の聖母子像のように穏やかで神聖な光景を思い浮かべるかもしれませんが、慣れるまでの間はそれとはほど遠いようです。

「ママになる＝母乳で赤ちゃんを育てる」というイメージが強くて、授乳がうまくいかないと「母親失格なのでは？」と落ち込むママもいます。

授乳の「理想と現実」をパパが知っておき、その悩みを受け止められたら、ママの心が少し軽くなるかもしれませんね。

ちなみに、わが家では搾乳した（母乳を搾った）ものを哺乳瓶に入れ、ぼくが子どもに飲ませたりもしていたので、母乳育児でもパパに何ができるか、ぜひママと話し合ってみてください。

パパがママと一緒に子育てをするために、育休取得を考えてみよう！

現在、ぼくはフリーランスで基本的には在宅勤務なので、仕事の調整をしつつ育児をしやすい環境にありますが、会社に出勤していると、そうもいきませんよね。ぼくも会社勤めをしているときはそうでした。

そういう方にこそ育児休業を活用してほしいのですが、「育休は取りたいけど、長期間、会社を休むのは難しいよな……」と思われている方も多いのではないでしょうか。

参考までにお伝えしておくと、2021年度（2020年10月から2021年9月まで）に育休を取得した男性は、**過去最高の13・97%**（厚生労働省）だそうです。ただし、このうちの25%は5日未満の育児休業です。

出産当日、あるいは翌日頃までは休めても、現状では、数カ月、1年と、育休を取ったという先輩パパは、あなたの周りでもおそらく少数派でしょう。

それは、企業体質や育児休業に対する理解の低さ、また長い間休むことで、会社での自分のポジションがなくなるかもしれないという不安からかもしれません。

◆男性の育休取得期間

5日未満	25.0%
5日〜	26.5%
2週間〜	13.2%
1カ月〜	24.5%
3カ月〜	5.1%
6カ月〜	1.9%
8カ月〜	1.1%
10カ月〜	1.4%
12カ月〜	0.9%
24カ月〜	0.2%

出典「令和３年度雇用均等基本調査」（厚生労働省）

※産後パパ育休制度がつくられる前にも、女性と同様、男性は、子どもが１歳になるまで（保育所へ入所できなかった場合などは最長２歳まで）育児休暇を取ることが認められていました。その他にも育休制度はあったのですが、新たに加わったのが産後パパ育休制度です。

こういったパパ向けに、より休みを取りやすいようにつくられたのが、「はじめに」でも紹介した産後パパ育休制度です。

産後8週間以内に4週間の育休を、しかも2回に分けて取ることもできます。さらに、その期間、定められた時間内なら就業も認められています。

ママや赤ちゃんの状態、さらに会社やご自身の仕事の進捗状況に合わせて、**使い勝手のいいフレキシブルな育休を組める制度**ができたということです。

社員が育児休業を取得すると事業主に国から助成金が出るといった、会社側にもメリットになるような法改正も行われました。

育休を取る社員の周りの同僚に、最大10万円の一時金を支給する「育休職場応援手当」を取り入れた企業が大きな話題となったり、2023年4月からは、企業（従業員1000人超）の男性労働者の育児休業等取得状況の公表が義務化されるなど、少なくとも以前よりは、会社に育休の申請をしやすいような環境が整いつつある、というわけです。

そこで、実際に育休を取ったパパの話を聞いてみました。

量販店の店長Aさんのケース

Aさんは、第一子で2週間、第二子で2カ月の育児休業を取った。夫婦で子育てを行ったことで、楽しさと大変さが身に染みて分かったと言う。

会社では育児休業制度が推奨されていたので、取得には特に不便を感じなかったそうだ。

Aさんの場合、

・両親、義両親ともに遠方に住んでいたこと

・妻の体力が少しずつ戻ってきたと感じたのが産後1カ月ほどだったこと

などから、せめてその頃までは休みを取って二人で育児をする必要があると実感した、とのことだった。

また、実際に育休を取得したことで、部下の子育てに関する休暇取得の推奨や、急な場合でも希望があれば彼らが配偶者の出産に立ち会えるように、職場の代替要員を手配するといった臨機応変な対応ができる体制づくりを考えるようになったと言う。

おそらくですが、現在、管理職についている男性の多くは、育休制度の活用など考えられなかった世代だと思います。

しかし、政府が男性の育休取得率を2025年度に50%、2030年度に85%を目標としているように、**世の中の流れから見ても、これからは大きく変わっていくはずです。**

休業中、経済的に不安があるというパパもいるかもしれませんが、要件を満たせば、ママと同様、**パパにも休業開始時の賃金の67％（育休開始から6カ月目まで。それ以降は50％）の育児休業給付金は保障**されていますし、あわせて給付金を出す企業もあります。

さらに、**産後パパ育休についてはその期間、夫婦で育休を取得した場合は、実質手取り１００％を保障するという制度強化が２０２３年３月に発表されました。**

ちなみに、育休に前向きに取り組んでいる企業の例を挙げると、新潟県の建築金具メーカー「サカタ製作所」は２０１８年から男性社員の育休取得率が１００％、滋賀県の金属加工メーカー「シンコーメタリコン」は、２０１７年から男性社員の育休取得の義務化に取り組んでいるそうです。

思い切って育休を取得すると、ママと同時に子育てをスタートしたと実感できる体制をつくれます。育児のレベルをママと一緒に上げていくことで、ママからも赤ちゃんからも頼りにされるパパを目指しましょう！

新生児期は睡眠時間の確保が最優先！

0歳育児中、睡眠不足は避けて通れない道です。

夜間授乳や夜泣きによって、産後の多くのママの睡眠時間は極端に減るか、常に細切れ睡眠になります。

こうした睡眠不足問題に関して、ぼくが提案したいのはこちら！

「家族みんなの睡眠時間を確保せよ！」。

ママの睡眠はもちろん大事です。

でも、ママを優先するあまり、パパが頑張りすぎて倒れてしまったら、元も子もありません。

ぼくたち夫婦は、たとえ細切れでも、**お互いに眠れる時間はしっかり休む**ことを念頭に置いていていました。

夜間は、妻は主に授乳で、ぼくは赤ちゃんの寝かしつけやミルクでの授乳で、二人とも十分な睡眠時間を取ることができませんでした。

この時期は、ぼくが朝早く起きたら、その間は妻を寝かせて、家事や育児をしたり、子どもが昼寝をするときに一緒に寝たりと、**時間を見つけて二人で調整する**ようにしていました。

また、わが家の場合、第一子出産直後は二世帯同居だったので、昼間、両親に子どもを見てもらえるときにはお願いして、睡眠時間の確保にあてさせてもらうこともありました。

24時間育児体制の中で睡眠時間をママ一人だけでどうにかして確保しようとすると、ドラえもんの道具でもない限り、かなり難しい。もし、できているママがいるとしたら、かなり無理をしていると考えていいでしょう。

でも、一日の睡眠時間を夫婦二人で少しずつ調整することなら、なんとかできそうな気がしませんか？

仕事にしても一人で抱え込むと、時間がかかって睡眠時間が減るうえに、身体的・精神的なプレッシャーや負担は大きくなりますが、気心の知れた同僚と分担すれば、一人分の仕事の時間は減り、お互いの睡眠時間は増える。

身体的・精神的なプレッシャーも、仕事を成し遂げた達成感も分け合えます。

子育ても同じです。

疲労やプレッシャーも、赤ちゃんとの幸せな時間も二人で分け合えるように、ママ・パパお互いに、時間を調整していくことが大切ではないでしょうか。

お役立ちコラム

赤ちゃんの夜泣きに、パパが気づかないって本当!?

こんな話を聞いたことがありませんか？

パパが赤ちゃんの夜泣きに気づかないのは、そもそも男性が赤ちゃんの泣き声に鈍感なせいである。だから、ママしか夜泣きの対応ができないんだ、と。

これに関しては、動画配信サービス・ネットフリックスのドキュメンタリー番組『赤ちゃんを科学する』の第1話「愛情とスキンシップ」で興味深い研究を紹介していました。

愛情ホルモンと呼ばれ、親子の絆にも深く関わるオキシトシンが、女性の妊娠中や出産後に上昇することは以前から分かっていました。

お役立ちコラム

さらに、母子が頻繁に触れ合うと、両者のオキシトシンはより高くなり、もっと赤ちゃんと関わりたくなる、ということも前から分かっていたと言います。

そこで、赤ちゃんの生後数カ月間の父母のオキシトシンを調べたところ、驚くべきことに、**母親だけでなく、父親のオキシトシンの値も上がっていることが分かった、**というのです。

それも、**赤ちゃんとより多く接し、一生懸命お世話をして、親の役割を果たすほどオキシトシンは活性化した**といいます。

実は、この**オキシトシンが、「赤ちゃんの夜泣きに気づくか問題」にも大きく関わっている**そうです。

出産時にはオキシトシンが急増し、脳の原始的な部分である扁桃体が活性化します。

すると、警戒心が高まって乳児を心配するようになる。寝ていても、赤ちゃんの泣き声に敏感になる理由もここにあるようです。

さらに、このように一度開いた扁桃体は子どもが何歳になってもずっと変わらないというのです。

そこで、代理出産をしたゲイのカップルの方々を調査したところ、父親が子育てをしても、母親同様に扁桃体が活性化することが分かったと言います。

ちょっと想像してみてください。もし、あなたがシングルファーザーだったとしたら？　きっと赤ちゃんの泣き声にいち早く気づくはずですよね。

やはり赤ちゃんのことを意識して、自分がお世話をしないといけないと思っているかどうか、が大きく関わっているということなのです。

実際のところ、ぼくもパパ1年目の頃は、起きようと意識しても、泣き声に気づけないこともありました。

でも、パパ7年生になった今では、3歳の末っ子が夜中に泣いたり、名前を呼ばれたときにはいち早く気づけるようになったのです。

意識することと、〝自分ごと〟になることで変わっていけるということなのかもしれませんね。

ということは、こんなふうにも考えられませんか？

子育ての経験を積んでいくと、「脳や身体が父親になっていく」と。

ある一定の年齢になると、幼少期や青年期と違い、身体や脳が「成長する」という感覚がなくなって、少しさびしい気持ちになったりします。

そんな中で、**「父親」という新たな回路が開く**って、自らの成長も感じるすごくワクワクすることだと、捉えてみてほしいのです。

夜起きられないパパでも30分あればできる! ママが助かること

もし、あなたが育休取得や時短勤務が難しく、ママと睡眠時間の調整ができない、または夜はどうしても起きられないといった場合は、他の方法も考えられます。

例えば、

朝、いつもより30分だけ早起きしてみましょう。

それも、赤ちゃんやママが寝ている間に、できるだけ、そーっとです。

そして、新しいおむつやお尻拭きをママのそばに置いておいたり、ミルク育児なら哺乳瓶をすぐに使えるような状態にセットしておきましょう。

ご自身の朝ごはんや出勤の準備もしつつ、赤ちゃんが目を覚ましたときに、ママがすぐに対応できるような準備をしておくのも一つの方法です。

ぼくも会社勤めをしているときには、着替えやおむつの準備をするように心がけていました。

たった30分。

ですが、この30分が、実はとても大きいのです。

細切れ睡眠が当たり前のこの時期、あなたが30分でも早く起きて準備することで、その分まとまった睡眠時間をママが確保できれば、かなり助かるはずです。

まずは、30分早起きに挑戦してみてはいかがでしょうか？

おっぱいという武器がない パパの寝かしつけ

眠いときにすんなり眠れる大人と違って、赤ちゃんは上手に睡眠が取れません。寝グズりする赤ちゃんに、「眠いなら、寝てくれればいいのに……」と思った経験がほとんどのママやパパにあるのではないでしょうか？

そこで、赤ちゃんを抱っこしたり、優しくトントンしたり……。

しばらくして、やっと寝てくれた!! と思って布団に置いた途端、なぜか目がパッチリ開いてまた泣き始める……。

通称「背中スイッチ」が作動すると、また一から寝かしつけのやり直し。この「背中スイッチ」の無限ループにハマるともう大変です。

ただ、ママには添い寝のまま授乳して寝かせる「添い乳」という武器があります。

しかし、残念ながら、ぼくらパパにはこの必殺技がありません。

そこで、三人の子育て経験から、ぼくが考えた「寝かしつけ三つのポイント」がこちらです。

①目標設定をつくる

寝かしつけが大変な原因の一つに、「時間が見えないこと」があるとぼくは思います。

寝かしつけは赤ちゃん次第で、5分後に寝てくれるのか、10分後なのか、あるいは1時間後なのかが分かりません。

いつ寝てくれるのか「分からない」ことが、精神的にきつくなる原因ではないでしょうか。

具体的な目標が見えているときに、力を発揮できる男性は少なくありません。

そこで、何はともあれ目標設定です。

まずは、夜泣きで目が覚めた赤ちゃんの授乳やおむつ替えをし、夜泣きの不安要素をクリアにします。

これらが終了した時点から**寝かしつけまでの時間のだいたいの目安を覚えておきましょう**。

②見える化

目標設定ができたら、次はその**時間を具体的に「見える化」**してみましょう。

ぼくは、たいていリビングをグルグル回りながら寝かしつけをしていました（ただ座っていたり、その場に立って抱っこだと寝ないという赤ちゃんは多いと思います）。すると、だいたい何周目で「そろそろ寝るな」ということが分かってきます。

1から数を数えながら、寝かしつけをするというぼくの知人は、「300ぐらい数えると寝てくれる」と言っていました。

③〝好き〟を取り入れる

そして、忘れてはならないもう一つのポイントは、**自分の中で楽しみややりがいを見つけること**。

ぼくは、自分の好きな歌を歌ったり、筋トレも兼ねてスクワットをしながら寝かしつけをしていました。

寝かしつけ経験者には共感していただけると思いますが、なぜか、このスクワットは赤ちゃんの大好物のようです。上下運動や一定の揺れが効果的なのか、泣きやんだ、パタンと寝てくれる、という声もよく聞きますよ。

そもそも赤ちゃんのための寝かしつけですが、何をやっても寝ないときには「赤ちゃんのため」だと思うと、果てしない〝苦行〟のようにも思えてしまいます。だからこそ、**自分の「好き」やプラスになることを取り入れることが大事**なんですね。

このように、ぼくは三つのことを心がけながら寝かしつけをしていました。

残念ながらこの方法で赤ちゃんが早く寝てくれるというわけではないのですが、**見通しが立つためか、精神衛生上、楽になった**ような気がします。

加えて、**この三つをルーティン化することで、さらなるプラスもあります**。

もし、目安の時間に寝なかった場合でも、ミルクが足りなかったのかな？　あるいは、今日はいつもよりちょっと機嫌が悪いのかな？　口ずさむ歌を変えてみようか？　と、状況把握や新たな解決策を考えるための判断基準にもなるからです。

ただし、相手は一人の人間です。そううまくはいかないこともあります。目標の時間をかなりオーバーしたという日もあれば、拍子抜けするほど、すぐに寝たという日もありました。

寝かしつけまでの時間にあまりにこだわりすぎると、うまくいかなかったときにかえってストレスにもなるので、見通しを持ちながらもガチガチに考えずに、ゆるく構えることも忘れずに。

お役立ちコラム

ママのイライラ、それは「ガルガル期」のせいかもしれない

出産後一定期間、周りに攻撃的になったり、出産前なら気にならなかった言葉にイライラするというママたちがいます。

そうした状態を、動物のメスが子どもを守るために、近づくものを威嚇する様子にたとえて「ガルガル期」というそうです。

2章で書いたマタニティブルーと同様、妊娠中に分泌されていた女性ホルモンが、出産以降、急激に低下するといったホルモンバランスの変化が原因の一つになっていると言います。

そして、先ほども登場した愛情ホルモンである「オキシトシン」が、実は攻撃性をあわせ持っていることも一つの要因になっているようです。

また、慣れない育児からくるストレスや疲労も原因の一つと言われています。

お役立ちコラム

ぼくがインスタのママフォロワーさんたちにアンケートを取ったところ、「産後、ガルガル期があった」と答えたママの割合は83%にものぼりました。

・夫の赤ちゃんの抱き方にイライラ
・夫のにおい、態度、存在すべてを生理的に受けつけなくなった
・夫がすれ違いざまに私の肩を触ったり、ちょっと触れられただけでも拒絶反応！

というように、攻撃の対象はママの最も身近な存在であるパパに向かうことが多いようですが、状況が分からないパパは、「子どもを産んだ途端に、妻が変わってしまった……」と落ち込んだり、パニックになったりすることもあるそうです。

また、両親や義両親、さらに赤ちゃんのお兄ちゃんやお姉ちゃんに〝ガルガル〟が向かうこともあります。

・義父がベビーカーを押しただけですごい嫌悪感に襲われて、そのことで夫婦ゲンカにまで発展した
・実母や旦那が娘を抱っこするだけで、「触らないで」とイライラした
・上の子にイライラして吠えてしまった。赤ちゃんを触られるのもイヤだった

中には、「赤ちゃんを触る人の手がバイ菌に見えた」「赤ちゃんが周りの人にかわいがられてもうれしいとは思えなかった」「周りが自分の足を引っ張ってるような被害妄想に陥った」という声も。

しかし、「ガルガル期」は時期が来れば収まると言われています。

あらかじめ、ママ自身も、パパも、周囲の人たちも、こういうことがあり得るんだ、と知っていれば、少し余裕を持って受け止めることができるかもしれません。

また、ママや子育てに対する周囲のサポートがあれば、ガルガル期が短くてすむ場合もあると言います。

一般的にマイナスの意味で捉えられることの多いガルガル期ですが、**パパの理解や行動が、ママのオキシトシンの「攻撃性」という側面ではなく、「愛情」という側面を引き出せるようになると、「夫婦円満」につながる第一歩**になるかもしれません。

パパ次第ではピンチではなく、絶好のチャンスになるかもしれないのです。

抱っここそ
パパが誰より活躍できる育児！

パパができる育児はたくさんありますが、ぼくが思うに、**まずは抱っこ！**
とにかく抱っこしてみてください。

おむつ替えやミルク、離乳食は、まずは方法を覚える必要がありますが、抱っこは最初はおっかなびっくりでも、できない、ということはありません。**場所を選ばず、短い時間でもできます**。

一番やりやすく、ママより体力のあるパパが最も力になれる育児、それが抱っこではないでしょうか。

まずは、一日に一回5分、慣れてきたら、一日に二回10分というように、少しずつ回数や時間を増やしていってみましょう。

さらに、**抱っこはママを助けるだけじゃない、パパ自身にもおおいにメリットがある**と、ぼくは思っています。

「ママより体型がガッチリしているパパの抱っこは、赤ちゃんにとっても安心感がある」などと言われることもありますが、**安心感があるのは、実はパパも同じ**です。

少なくとも、ぼくは**子どもを抱っこしていると、心の底からホッとできます**。

抱っこ中に、赤ちゃんの小さな手でギュッと腕をつかまれたりすると、もう目尻が下がりっぱなし。オキシトシン大放出状態です‼

考えてみると、こんなふうに、**ただぼくを無条件に信頼して、体を預けてくれる存在は他にいません。**

特に、大人になると、たとえ誰かしらの支えがあったとしても、まずは何事も一人で頑張ろうとする人も多いですよね。

でも、**抱っこは一人ではできません。必ず相手が必要です。**

さらに、その**相手である赤ちゃんが、自分を全肯定してくれている、「大丈夫だよ」と言ってくれているような感覚になる**んです。それが、心も身体もゆるんでいくような、なんとも言えない安心感につながっているのでしょうね。

家の外では気を抜けなかったり、虚勢を張らざるを得ない場面も多いパパたちにとって、抱っこは心の安らぎをもたらしてくれるものにもなるはずです。

だから、**仕事が忙しいパパほど、積極的に赤ちゃんを抱っこすることを頑張ってみてほしい**のです。

「『ママがいい』って」と言う前に

とはいっても、実際に抱っこ経験のあるパパからこんな言葉も出てきそうです。「オレが抱っこすると、急に泣き出す。赤ちゃんにも申し訳ないし、どうしたらいいか分からなくて、ついママに渡しちゃうんだよね」と。

ぼくも第一子を初めて抱っこしたときには、まだ首も座っていないフニャフニャの小さないのちがあまりに繊細で、どう扱ったらいいのか戸惑いました。沐浴のときも、緊張で腕がガチガチでした。そんなぼくの気持ちが伝わったのか、子どもを何度も泣かせてしまい、その度にアタフタ……。どうしたらいいのか分からず、そのまま妻に「ハイ」っと押しつけのように渡してしまったこともありました。「やっぱり赤ちゃんはママがいいんだね」という言葉とともに。

これはやはり**「慣れ」、つまり経験値が解決してくれます**。

仕事に慣れるのに、ある程度の時間や経験が必要なように、抱っこやおむつ替え、沐浴といった赤ちゃんのお世話にだって時間や経験でクリアできることはたくさんあります。

パパたち、特にぼくら日本人男性が育児に不慣れなのはある意味当然で、2020年のOECD（経済協力開発機構）の生活時間に関する国際比較データ（15歳～64歳男女対象）では、このような統計が出ています（P136図）。

注目してほしいのは育児や家事といった無償労働時間の男女比です。

男性が関わっている時間を1とすると、女性はその5・5倍！　OECD加盟国の中で最も男女差があるのです。それほどまでに育児や家事が女性に偏っている、ということなんですね。

もちろん、その背景には**日本人男性の有償労働時間（賃金が発生する労働時間＋通**

◆男女別に見た生活時間（週全体平均・1日当たり、国際比較）

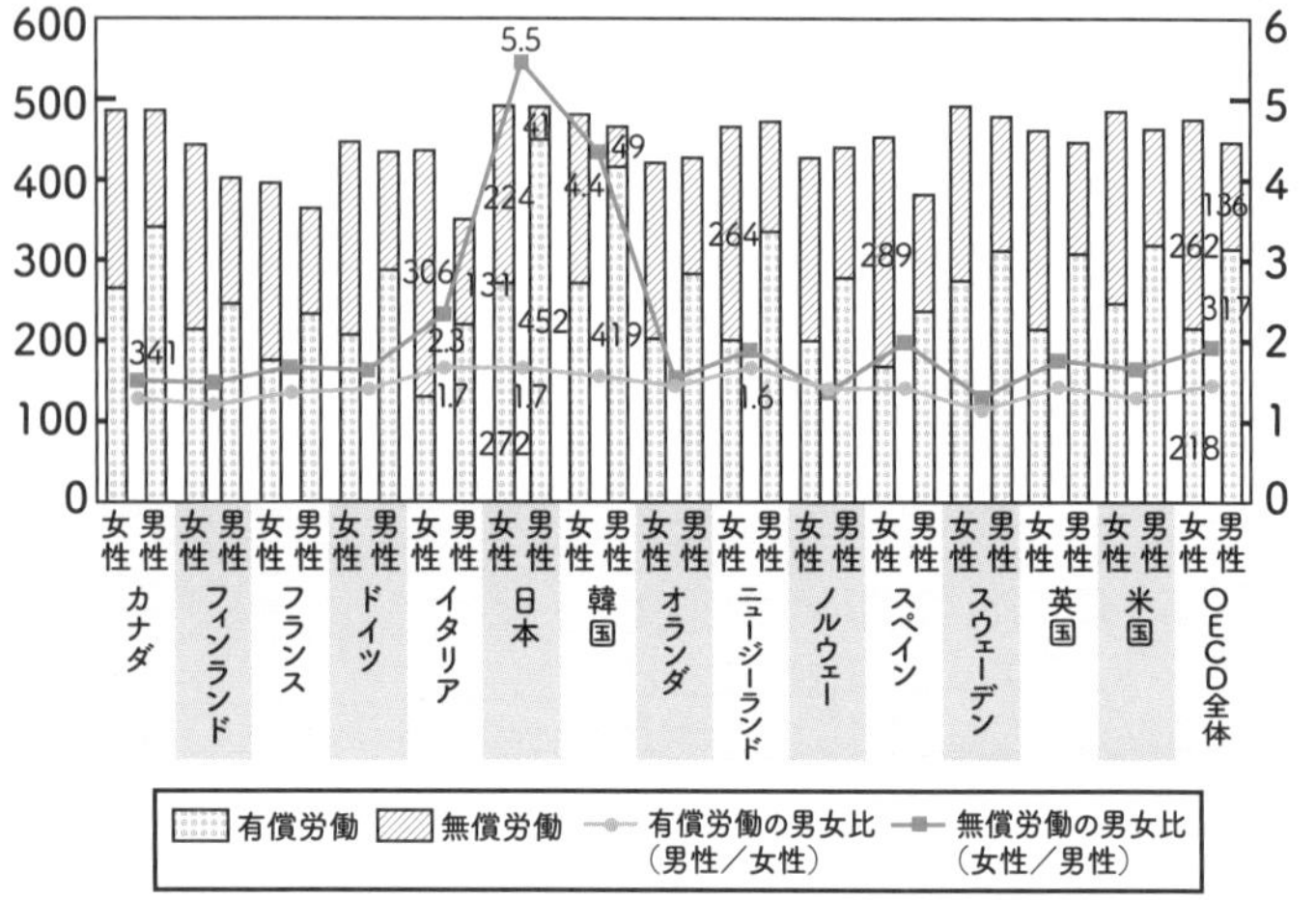

（備考）1.OECD`Balancing paid work, unpaid work and leisure(2020)をもとに、内閣府男女共同参画局にて作成。
2. 有償労働は、「paid work or study」に該当する生活時間、無償労働は「unpaid work」に該当する生活時間。
「有償労働」は、「有償労働（すべての仕事）」、「通勤・通学」、「授業や講義・学校での活動等」、「調査・宿題」、「求職活動」、「その他の有償労働・学業関連行動」の時間の合計。
「無償労働」は、「日常の家事」、「買い物」、「世帯員のケア」、「非世帯員のケア」、「ボランティア活動」、「家事関連活動のための移動」、「その他の無償労働」の時間の合計。
3. 調査は、2009～2018年の間に実施している。

勤時間）がOECD加盟国で最も長く一日平均452分という現実があります。

長時間労働をしていれば、育児に割ける時間も、慣れる時間も取れないのは分かります。だからといって、育児から遠ざかったままでは、パパは赤ちゃんのお世話に慣れることができず、赤ちゃんもパパに慣れずに泣いてしまいます。パパが育児をもっとしたいと思っていても、これでは悪循環です。

でも、パパから見たらベテランに見えるママだって最初は同じ。初めての育児に必死に向き合っているんです。

インターネットで「子ども　泣きやまない」というワードを検索してみてください。たくさんのトピックが出てくるのが分かります。長時間、赤ちゃんと一緒にいるママでさえ、どうしたらいいか分からず、悩みながら毎日試行錯誤しています。

空腹でミルクがほしくて泣いているのか、おしっこでおむつが濡れて泣いているのか、あるいは抱き方（抱かれ方⁉）が心地悪くて泣いているのか、最初の頃は分からないので、一生懸命手探りで対処法を探そうとしています。

そもそも言葉をまだ話せない赤ちゃんにとって、「泣くこと＝あなたを嫌っている」ということではありません。「お腹空いた～！」「抱っこして～！」「おむつ変えて～！」と言えない代わりに泣いているのですから、泣くことは赤ちゃんにとって大事なコミュニケーションの一つ。それが分かれば、もし赤ちゃんに泣かれたとしても、少し心のゆとりを持って、もうちょっと踏ん張ることができるのではないでしょうか。

まずは無理せず、ちょっとずつでもいいんです。

そうやって、パパが赤ちゃんに、赤ちゃんがパパに慣れていくのを待ってみてください。きっと将来、「パパがいい」が増えていきますよ。

家事も育児のうち

P136の図からも、長時間労働のパパたちがなかなか育児（のありとあらゆるところ）にまで手が回らないというのは分かります。

深夜に帰宅したら、寝ている赤ちゃんを起こさないよう、物音を立てないようにするだけで精一杯。

何か一つでも育児をしたいと思っているけどできないという方、あるいは、子どもが産まれても、おそらく育児はできないだろう、と不安に思っているパパ、大丈夫です！

育児とは何も子どものお世話だけではありません。

ぼくは、**家事も育児のうち**、だと考えています。

かといって、仕事が忙しいパパにとって、平日に料理や掃除をするのは時間的に難しいはずですね。それなら、ぜひ試していただきたいことがあります。

それは「**名もなき見えない家事**」。

例えば、**ゴミ出し前のひと工夫**です。

ゴミを出すと一言でいっても、部屋ごとにゴミ箱があるお家は、それをひとまとめにしておかなければいけません。

ママ・パパどちらも、朝はただでさえ、慌ただしい時間です。

ごみ収集の時間に間に合わない！　と慌てないように、余裕があるときに、あらかじめゴミをひとまとめにしておけば、パパかママ、どちらがゴミを出しに行くとしても、負担はずいぶん減ります。

また、**トイレットペーパーやシャンプーの補充などのストック関係も重要任務**です。

日中、赤ちゃんと二人きりのママが、赤ちゃんが寝ている隙にトイレに入った途端、遠くから「フンギャー」という泣き声が聞こえてきます。

「あ、起きちゃった！」と、急いでトイレから出ようと思ったら、トイレットペーパーのホルダーが空になっていて、補充しないといけない……。

こんなふうにならないために、その**前段階の小さなことから手を打っておきましょ**

う。

細かいことと思われるかもしれませんが、**常に赤ちゃんから目が離せない育児中は、小さなことの積み重ねが、大きな問題に発展するのを防ぐ手立て**になります。

こうした「名もなき見えない家事」を行っておくと、家のあちこちで「困った！」が起こらなくなってきますし、今までやってこなかったとしたら、パートナーがやってくれていたことへの感謝も生まれます。そうやって**お互いに心の余裕が少しできれば、その分、赤ちゃんに対しても、ゆったり接することができる**のではないでしょうか。

本当にちょっとしたことですが、これをやるのとやらないのとでは大違いというのが、ぼくの実感です。

お宮参りはパパの出番！両家の調整役で最高の記念日を

さて、新生児期を終える生後1カ月を迎えた頃、赤ちゃんやママ・パパにとっての一大イベントであるお宮参りが待っています。

親族が集まる機会にもなりますから、ここでも出産後の初対面のときを思い出し、**パパが両家の調整役を買って出ましょう。**

お宮参りとは、生まれた土地の守り神である産土神《うぶすながみ》に、赤ちゃんが無事に誕生したことを報告し、健やかな成長を祈願するという昔からある慣わしです。

かつては、お宮参りを、赤ちゃんと、その父親、さらに父方の祖父母で行うのがしきたりだったようですが、今は主役である赤ちゃん以外の参加者は

・ママ・パパ（＋赤ちゃんの兄姉）
・ママ・パパ＋父方（または母方）の祖父母
・ママ・パパ＋父方・母方の祖父母
・ママ・パパ＋父方・母方の祖父母＋ママ・パパの兄弟姉妹

など、どこの神社で行うか、兄弟姉妹との関係性などによって、さまざまなパターンが考えられます。

生後1カ月頃までは、ママが赤ちゃんにかかりっきりになる可能性が高いので、ここは一番動けるポジションにあるパパの出番です。

調整役といっても、難しいことはありません。

まずは、**両家に連絡を取りましょう。**

そのときに**大事なのは、全員の大まかな性格をつかんでおくこと**です。

ぼくの場合、第一子が生まれた翌月に実家のある新潟に引っ越したので、お宮参りは少し落ち着いてから地元で行いました。

妻と相談のうえ、義父母にも来てもらいたいね、ということに。あらかじめ妻から連絡をしていましたが、改めてぼくからも連絡を入れました。

調整役として、ぼくが最も意識したのは自分の父のことです。

父はいつも段取りをしっかりと決めておきたいタイプです。そこで、きっと今回も日取りや食事会の場所など、あらかじめ調べて提案してくるだろう、と予想していました。

おそらく、みなさんの親族の中にも、ぼくの父のようなタイプが一人はいるのではないでしょうか？

そんなわけで、スムーズに話が進むように、ぼくの父には前もって「妻と赤ちゃんの体調が心配だから、近場で、それほど豪華にせず、時間もかけずに行いたいと考えている」と伝えておきました。

さすが、と言うべきか、父はこちらの希望に沿ったプランを出してくれたので、おかげで予定が組み立てられ、みんなが気持ち良くお宮参りの当日を迎えることができました。

ちなみに、石丸家では記念撮影のためにカメラマンを頼みました。

ぼくや妻は、ご祈祷や家族への対応だけで精一杯になるかもしれないので、カメラマンさんに**大事なシーンを写真でしっかり記録してほしい**と思ったからです。

あまりにバタバタしてしまい、せっかく両家の親族が集まったのに1枚もきちんとした写真が撮れずに後悔しているという知り合いもいますから、家族はお宮参りに集中して、プロに写真を撮ってもらうのも、オススメの方法の一つです。

“出産内祝い”はいらない!? もし贈るなら出産前に準備を！

出産報告後、両親や親戚、友人・知人から出産祝いをいただくことがあります。そのお返しとして、「出産内祝い」をお贈りするという方も多いのではないでしょうか？

そもそもは、（出産祝いをいただいたかどうかに関わらず）幸せのお裾分けを贈る慣わしが、「お返し」の意味合いとして使われるようになったのが、現在の出産内祝いです。

でも、ぼくが三人の子どもでこの慣習を経験した結果、感じたのは、**出産内祝い、廃止してもいいんじゃないか？**ということです。

内祝いは、基本的に生後1カ月頃に贈るのが良いとされますが、ママもパパも育児で最も慌ただしい時期と重なってしまいます。

また、出産祝いの半額から3分の1相当のものをお返しするという、暗黙のルールがあり、返礼品選びには想像以上に時間がかかりました。

赤ちゃんの誕生を祝福してもらう出産祝い自体はとてもうれしいのですが、振り返ると、この時間をママのケアや赤ちゃんのお世話に当てたかったなあ、と思うのです。

それに、出産祝いを贈る側に立った経験から考えると、お返しなどなくても、一言二言メッセージや赤ちゃんの様子が聞ければ、もうそれで十分です。少なくとも、ぼくはそうでした。

ただし、これは地域性もあるでしょうし、親しい友だちはまだしも親戚関係にはきちんと対応しなければ、など、それぞれの事情があるでしょう。
かといって、出産前に「出産祝いはいらないです」とは、もらう前提でいるみたいで、どうにも言い出しづらい……。

ですから、もし内祝いを贈ると決めたなら、5千円相当の返礼品はこのあたり、1万円はこのあたり、それ以上の金額はこのあたり、というように**出産前に夫婦である程度の目星をつけておく**のもいいですね。

産後の大変な時期に、何よりも貴重な睡眠時間を削ってまで選ぶのではなく、いっそのこと、**出産前の〝幸せな準備〟として楽しむイベントにしてしまいましょう！**

出産後、実際には出産祝いがほとんど来なかったとしても、それはそれで二人のいい思い出です。楽しい笑い話になるのではないでしょうか？

ちなみにぼくは、お酒好きの親戚には赤ちゃんの写真と名前入りの日本酒、友人や知人にはお菓子の詰め合わせなどを贈りました。

赤ちゃんの写真は、親しい身内に送るとても喜ばれるのですが、友人・知人となると、処分できずに困るといった声も聞きます。

お祝いへの感謝の気持ちとともに赤ちゃんの様子をお知らせしたいなら、**贈っていただいた品物を赤ちゃんの横に添えた写真をメールやＬＩＮＥで送る**のもいいかもしれませんね。

出産内祝いは今の時代はなくてもいい。でも、もし行うなら送る側ももらう側も負担にならずに、お互いにうれしくなるような方法を、ぜひ夫婦で一緒に考えてみましょう。

ママが喜ぶ！ ママと子どもの日常写真や動画を撮ろう

世の中の多くのママは子どもといる時間がパパより長い傾向にあります。

赤ちゃんの写真をママが撮ることは多いのですが、ママと子どもが一緒に写っている写真や動画はビックリするほど少なかったりします。

だから、パパにお願いです。

できるだけ、積極的にママと子どもの写真や動画を撮ってください。

今は、写真をフォトブックにしたり、写真や動画を簡単にムービーにできるアプリもあります。

撮り溜めていった写真や動画は、お子さんが1歳の誕生日に、フォトブックやショートムービーにして、ママにサプライズでプレゼントしてはいかがでしょうか？

お子さんが1歳の誕生日を迎えられたのは、ママとパパが1年間頑張ったからこそ。

そこで、パパから、子どもの最も近くで長い時間過ごしてくれたママへ〝ママ1

歳〟の記念日に感謝を込めてプレゼントしてはどうだろう？ というわけです。

普段はサプライズされるのが苦手だというママに聞いたところ、「このプレゼントには泣く自信がある！」と言っていたので、おそらくですが、喜んでくれるママは多いと思います。

ただ、疲れているときに、写真や動画を撮られるのをイヤがるママもいるかもしれないので、**初めのうちは一言「撮るよ〜」といった確認も忘れずにしてください。**

ぼくが今使っているのは、毎月写真を4枚選んでカレンダーにするアプリで、簡単に作成できて、注文時に両親や祖父母の家など複数の住所に送れるので大助かりです。

そして、ぼくには先の長い計画があります。

それは、子どもが成人したとき、夫婦でお酒のグラスを片手に写真やムービーを見ながら「こんなにムチムチの手だったよね」「このとき大変だったよね」「二人で頑張ったね」と、**当時の子育ての大変さや幸せだった出来事について話すこと**。

子育ては一筋縄ではいかないことばかりです。でも、だからこそ、夫婦で一緒に子育てをすることで、**日常の写真や動画が、〝18年後の宝物〟になる**と、ぼくは確信しているんです。なかなかの長期プロジェクトですが、それもまた、今から楽しみの一つになっています。

ママがイヤがる子育てワード ワースト3

子育て中、パパや（義）両親、近所の人や外出先で見知らぬ人からの一言に、傷ついたり、モヤモヤするママは多いようです。

悪気のある言葉ならともかく、もし悪気のない一言であれば、言った側にとっても、言われた側にとっても、良いことは一つもありませんよね。

そこで、ママたちに聞いた「言われてイヤだった子育てワード ワースト3」を挙げてみます。

【第1位】

〈「〇〇だからかわいそう」系〉

・一人っ子でかわいそう

・兄弟がたくさんいて、かわいそう

・ミルク育児でかわいそう

・保育園なんてかわいそう

といったワードは、パパや、両家の両親や親戚、近所の方、友人・知人など、その方の経験から悪気なくつい出てしまったということが多いようです。

【第2位】

〈「家事・育児をきちんとやって」系〉

これは、ほぼ同率1位でした。

・ママが育休中は家事・育児が仕事

・今日一日何してたの？

・なんで○○してないの？　なんでできないの？　どうしてできなかったの？
・もっと頑張って

などいろいろですが、例えば「今日一日何してたの？」という言葉についてちょっと考えてみましょう。

帰宅すると、部屋中に散乱したおもちゃや、取り込んだまま放ってある洗濯物、テーブルには食べ散らかしたあと……とカオス状態。「なんで？」と思うパパもいるでしょうね。

でも、それを「今日一日何してたの？」「なんで片づいてないの？」と聞くのではなく、**「それだけ大変だったんだな」と思えたら、おのずとねぎらいの言葉が出てくるし、「どんなことが大変だったの？」という夫婦の会話も生まれる**のではないでしょうか？

インスタのママフォロワーさんに聞きました！

しかも、この言葉をイヤだなあと思うママこそ、「部屋を片づけたいのに、そこまで手が回らない」ことを誰より気にかけているはずです。片づいてなくても気にしないママなら、こうした言葉に敏感にはならないでしょうから。

だからこそ、**まずは「お疲れ様」の一言から会話を始めてみてください**。

すると、精一杯だったはずのママからも「お仕事お疲れ様」と返ってくるかもしれません。

たった一言、いたわりの言葉があるだけで、ママ・パパお互いの気持ちを和らげてくれるはずです。

【第3位】

〈「『ママがいい』って」・「ママじゃないとダメ」系〉

・「ママがいい」って
・ママじゃないとダメ
・ママのほうが○○が上手だから

P134でも触れましたが、悪気がなかったとしても、ママには言い逃れのように聞こえるようです。

【（同率）第3位】
〈○○したら？　○○じゃない？　実況中継・提案系〉

・うんちじゃない？
・泣いてるよ〜
・ミルクあげたら？

インスタのママフォロワーさんに聞きました！

同率3位の実況中継・提案系のこれらの言葉、ママからすれば、「気づいているなら、やってよ〜‼」と思うのでしょう。

これでは、先ほどの「『ママがいい』って」と同じで、パパはやらないの？ と、ママに思わせてしまいます。

だからといって、それなら「『おむつ替えして』って言ってくれればいいのに」と思ったそこのパパ、**「言ってくれたらやったのに……」もママがイヤがるNGワードです**。

ママは誰かに言われなくても、赤ちゃんがウンチをすればおむつを替えます。言わないとやらないなんて、自分の担当じゃない、ママの仕事だと思っているからでしょ、と思われかねません。

同じような理由だと思いますが、**「手伝おうか？」「協力する」**という言葉にモヤモヤするママも多いようです。

つい言ってしまいがちですが、**ママはパパに「一緒にやる」という意識でいてほしいと思っているはず**です。

他にも、

・ママなんだから（これぐらいできるでしょ・我慢しなくちゃ）
・ママなのに（こんなこともできないの？）
・オレ、イクメンだよね
・今だけだから、育児を楽しまなきゃ！

といった言葉が挙がっていました。

こうした言葉を使わないように意識し、「頑張ってくれて本当にありがとう」など、子どもを育てている頑張りに寄り添う言葉を使ってみてくださいね。

ママ・パパ うれしいポイント！

- 家族みんなの睡眠時間の確保で誰か一人が無理しなくなる！
- パパは赤ちゃんを抱っこすると安心感を、ママは休みをゲット！
- パパが「名もなき見えない家事」をすると、家の中で起きる「困った！」が減る！
- パパがお宮参りの調整役を買って出ることで、ママ・パパはお宮参りに集中できる！
- 出産内祝いをやめ、ママ・パパは子育てや睡眠時間にあてよう！もし行うなら、出産の「幸せな事前準備」として楽しもう！
- ママと赤ちゃんの写真を撮ることで、ママは喜び、パパはママへの感謝を形にできる！

4章

ヨチヨチ1歳、親もまだまだ新米1年生

インスタのママフォロワーさんに聞きました!

1歳の子育て、何が一番大変だった!?

赤ちゃんが生まれて1年です。

あなたも、赤ちゃんのいる暮らしがもう当たり前になってきた頃ではないでしょうか?

おむつ替えや寝かしつけには慣れましたか?

すっかり抱っこマスターになった! という方もいらっしゃるかもしれませんね。

さて、1歳前後となると、赤ちゃんも大きなステップアップに挑戦している頃ですね。

歩き始めたり、授乳よりも離乳食での食事がメインになったり、と、乳児からだんだん幼児に近づくこの時期。

初めて歩いた！　ストローでお茶が飲めた！　と、ぼくらが「当たり前」にしていることは、「当たり前」じゃなかったんだなと気づいたり、その過程にハラハラしたり、成長がうれしかったり！　子どもの行動一つひとつに感動することがたくさんあります。

パパも赤ちゃんの「初めて」に立ち会えると、より愛おしくなるはずですから、この機会を大切にしてください。

では、赤ちゃんが1歳のこの時期、ママたちはどんな悩みを抱えているのでしょうか？

ママフォロワーさんの回答で一番多かったのは、「**目が離せなくて大変だった**」という声でした。

つかまり立ちや歩き始めると、手の届きそうな場所に、危険なものがないかといつ

インスタのママフォロワーさんに聞きました！

も気をつけたり、外出時に道路に飛び出さないように注意をする必要が出てきます。赤ちゃんの成長はうれしい反面、気を配らなければいけないポイントが一気に増えるので、これまで以上に神経を使うことにもなります。

次に多かった声が、「**食事**」についてです。

およそ生後6カ月頃から離乳食を始めますが、0歳児期にはまだ母乳やミルクと併用しているケースが多いようです。

1歳児期は赤ちゃんの成長過程や、ママの職場復帰などのさまざまな理由から、生活スタイルを変えるタイミングでもありますね。断乳や卒乳（授乳をやめること）を始めるママも少なくありません。

赤ちゃんが離乳食に慣れずに、なかなか食べてくれなかったり、偏食に悩んだりするママもいます。

また、まだまだ食べること見習い1年生の赤ちゃんは、スプーンでポイっと離乳食を飛ばしたり、あちこちにこぼしたりして、その後片づけも大変なんですよね。

そして、3番目に多かったのが、「**夜泣き・寝起きのグズり**」です。

一般的には生後6カ月から1歳半頃までの間が、夜泣きが最も多い時期とされています。

1歳になると、体力がついてきたためか、なかなか寝てくれず、0歳の頃より夜泣きが大変になったという声もありました。

他にも、後追い（ハイハイなど自分で移動できるようになった赤ちゃんが、少しでもママやパパが離れると後を追いかけたり、激しく泣いて探し回ること）、卒乳や断乳、赤ちゃんとの外出、自己主張が強くなってきたこと、といったママたちの声が挙がっていました。

インスタのママフォロワーさんに聞きました！

３人の子育てを経験してぼくが感じたのは、**１歳の子育ての大変さは、行動範囲が広がった子どもと「ずっと一緒にいるからこそ」のもの**ではないか、ということです。

赤ちゃんに、週に１、２回、離乳食をあげて拒否されたぐらいなら「かわいいもんだな」と思えるかもしれませんが、これが毎日毎回では心配にもなるし、つらくもなります。家事や育児を一人でこなすワンオペ（ワンオペレーション）状態なら、なおさらしんどさも増していくでしょう。

また、この時期を振り返ってみると、「そろそろ離乳食をあげなきゃ」、「ここに電池を置いておくと危ないかな？」「テーブルの角に頭をぶつけたらケガするかもしれない」と、子どもに何をしてあげないといけないのか、子どもにとって何が危険なのか？と、**常にその子のことを考え続けていること自体も大変だった**な、と思うのです。

この時期は、子どもに「後追い」されて大変だという声をよく聞きますが、ママ・

パパたちも常に子どものことを考えている「(精神的な) 赤ちゃんの後追い」をしている状態です。

とにかく目が離せないし、脳内はその子のことでいっぱいになってしまいます。

「ずっと一緒にいるからこその大変さ」があるのなら、「ずっと」を解消するために、どうしたらいいのか？

もしくは「大変」にならないために、どんな方法があるか——。

それも、なるべく楽しめる方法がいいですよね！

本章で一緒に探していきましょう。

目が離せなくなる時期こそ、ママを一人にさせる時間づくりが重要

ママの疲れを少しでも取ったり、余裕をつくるために、まず考えつくのは、**ママを一人にする時間をつくること**です。

最初の頃ぼくは、

「ちょっとカフェでも行っておいで！」

「買い物に行ってきたら？」

「飲みに行っておいで」

と、自分の家から外に出ることだけを提案していました。それが妻にとって良いことであるかのように。

ただ、子育てをしていくうちに、次第に、妻を一人にする方法が変わってきました。

今のぼくのオススメは、**断然、パパが子連れで外出すること**です。

なぜかというと、ママの時間の過ごし方の選択肢を増やしたいから、なんです。

家族が外出すれば、ママには「外出」と「在宅」という2つの選択肢が出てきます。

カフェでお茶してもいいし、ゆっくりお散歩するだけでもいいかもしれませんね。

あるいは、家で、録画していたドラマを見るのでも、ただただ部屋でボーッとするのでもいいし、睡眠時間にあててもいい——。

赤ちゃんの後追いが激しくて、ゆっくりトイレに入れないこともあるこの時期、気兼ねなくトイレに入ることや、ゆったりお風呂に浸かることだって、大事な一人の時間の過ごし方です。もちろん、普段できない家事をこの機会に行ってもいいんです。

ママを一人にする時間は、一時的にでも子ども優先ではなく、「これがしたい！」と思ったことを実行するママの自分だけのための時間、自分でいられる時間をつくるためにも必要だと考えます。

赤ちゃんとの外出は、パパにとっても赤ちゃんにとってもメリットあり！

といっても、たった一人で初めての1歳児を連れての外出となれば、パパにとってはハードルが高いと感じるかもしれません。

ぼくも、最初の頃は大変でした。中でも、おむつ替えができる場所を探すのには苦労しました。

「パンパース」などの紙おむつを開発しているP&Gジャパンが2019年に行ったアンケートによると、**「男性トイレに設置されているおむつ交換台が少ないと思う」0歳～3歳児のママ・パパは85・1%**もいると言います。

ぼくは地方で生活していて、7年前にはまだおむつ替えスペースが設置されていない男性用トイレが多かったので、設置場所の下調べが欠かせませんでした。

さらに、第一子のときには子どもの着替えやミルク、離乳食などをどの程度準備したらいいのかが分からず、無駄に大量の荷物を抱えて外出したりしていました。着替えの枚数や子どものお気に入りの必須アイテムなど、荷物の量は本当にその子次第です。これも子どもとの外出を重ねるうちに、だんだんと分かってきます。

一方で、子どもとの外出は、パパにとってもこんなメリットがあります。

①遊びの幅が広がる

家の中だといつも使っているおもちゃでの遊びに煮詰まってしまうこともありますが、外に行くと、ビニール袋いっぱいにどんぐりを集めたり、大きな木の周りをグルグル追いかけっこしたり……。子どもはなんでも遊びに替えてしまう天才ですから、材料がたくさんある外で遊ぶほうが楽だと感じるパパもきっといるはずです。

②子どもと一対一（あるいは一対複数）で向き合うからこそ分かることがある

今、子どもはどんなことができるのか、何が好きなのかなど、**子どもと一対一で直**

接向き合うからこそ、感じることや、分かることが山ほどあります。

特に、普段、子どもとの時間がなかなか取れないパパにとっては、こういうときこそチャンスです。

まだ言葉がおぼつかない1歳の頃なら、「あ、こんな表情をするようになったんだ！」とハッとさせられる瞬間があるし、公園でたまたま会った同年齢ぐらいの子との

接し方や距離の取り方を見ることで、子どもの様子や成長がリアルに分かる瞬間があるのです。

ときには、おもちゃや遊具の取り合いに発展してハラハラすることもありますが、それもまた、**子どもが外の世界とのつながりを持ち始めた証拠**でもあります。

③子どもと一緒だからこそ発見できる景色がある

子どもと散歩がてらに遊びに行くと、普段は車でサーッと通り過ぎてしまう道や、子どもに「こっち！」と言われて、行ったことのない道を歩くこともあります。

家の近所でも、「こんなところにこんなお店があったんだ！」と発見したり、景色の良い場所に行き当たったりすることもありました。

子どもと一緒の外出や散歩は予定通りにはいきません。でも、だからこそ、大人にとっては思ってもみなかったような新しい発見もあるのです。

お役立ちコラム

子どもとの遊びは、子どもも親もいいこと尽くし

普段、小さな子どもと触れ合う機会がない方は、子どもと遊ぶといっても、何をしたらいいの？　と戸惑うこともあるようです。

パズルやブロック、ミニカーや人形など、子どものおもちゃはたくさんありますね。

でも、大人が子どもと一緒に遊ぶ場合は、

ただただ一緒に過ごす、触れ合うだけでも遊びになる

とぼくは思います。

例えば、子どもがぼくの足をガシッと抱えることがあります。

そこで、ぼくが足を動かすと、足に捕まったままキャッキャキャッキャと楽しそう

に笑ってくれるのです。その笑顔を見ると、こんなことで笑ってくれるのか！　と、ちょっとうれしくなるんですよね。

こうした触れ合いは、お互いにとって、心も身体も喜ぶものになるとぼくは感じています。

実は科学的にも証明されているようで、『幸せになる脳はだっこで育つ。―強いやさしい賢い子にするスキンシップの魔法―』の中で、身体心理学者の山口創氏がこんなふうにおっしゃっています。

Ｐ１１５でも触れましたが、オキシトシンは男性にとっても良い影響を及ぼすホルモンです。子どもが幼い頃にスキンシップを行うと、親と子、双方の脳内にオキシトシンが分泌されます。

オキシトシンは、親子の愛着形成を深めるとともに、さらなる効果があることが分

お役立ち
コラム

◆1歳になるまでの父母それぞれのスキンシップ量に対する、子どもの情緒安定性（左）と社会性（右）の関係

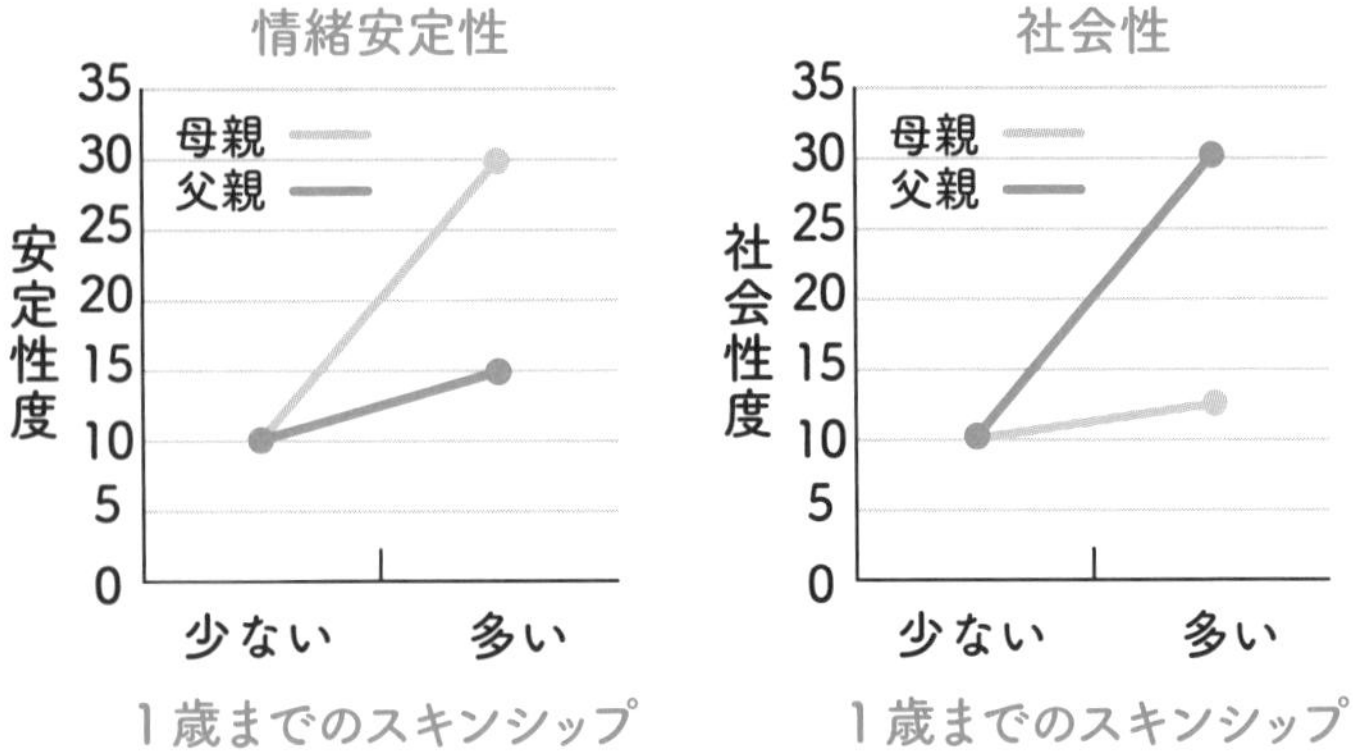

出典『幸せになる脳はだっこで育つ。―強いやさしい賢い子にするスキンシップの魔法―』

かっています。例えば、子どもの記憶力が良くなり、学習効果を高めたり、ストレス耐性を強めるそうです。

特に、生後1年ほどの間にオキシトシンの影響を受けると、脳自体がオキシトシンを出しやすいように変わり、ストレスに強い、記憶力が良いという効果が一生続くと言うのです。

なお、1歳を過ぎても、オキシトシン効果は見込めるそうで、いつからでも遅くはないと言います。

親にとっても、**触れ合うことでオキシトシンが分泌され、安らぎやストレス解消といった効果が得られる**というのも興味深いところです。

それも、ママとパパでは触れ方によって、分泌量が少し異なると言います。

ママは子どもに優しく触れたり、抱っこすることで分泌が促されますが、パパは「高い高い」や「くすぐり遊び」など体を動かしたりしながら、少し刺激的な触れ方のほうがオキシトシンが出るとのことで、まさに、**パパにとっては遊びながらのスキンシップが効果的**、ということですね！

さらに言えば、**ママのスキンシップは子どもの情緒を安定させ、パパのスキンシップは社会性の高い子に育ちやすいという傾向もある**そうです。

こうしたことから考えてみても、**ママだけではなく、パパも育児をするように生まれついている**、と言えるような気がします。

親も子も、お互いにとってうれしいスキンシップを伴った遊び、ぜひオススメします！

お風呂はパパと子どものコミュニケーションの場

パパと子どものコミュニケーションの「場」としては、お風呂もいいですね。

新生児期の初めての沐浴はもちろん、子どもたちが大人と同じ湯船に入れるようになってからも、「ぼくがシャンプーしている間、湯船の中で溺れたりしないだろうか?」と、初めはドキドキでした。

でも、これも抱っこやおむつ替えと同じで、繰り返しているうちにだんだん慣れてくるので、安心してください。

ぼくは、子どもたちがお風呂好きになるように、これまでいろいろなおもちゃや遊びを仕掛けてきました。

といっても、普段使っているような子ども用のコップやバケツ、ペットボトルの容器などをお風呂場で使ってみるところからでいいんです。

わが家も、ただ風呂桶に水を汲んで流したり、ペットボトルをぎゅっと握ると中から勢い良く出る水に子どもたちは大興奮！　水で流せば消えるお風呂クレヨンや、水に浮かべるアヒルの人形などのおもちゃで遊ぶのも好きでした。ピュッと水が出る手の水鉄砲でも大喜びなので、本当はおもちゃすらいらないのかもしれませんね。

お風呂では、お部屋では難しい水遊びがダイナミックにできることも魅力的です。**最終的にはお風呂から上がる前にキレイにすればいいので、ぼくはお風呂という空間では、子どもたちになるべく規制しないように心がけています。**

子どもと一緒にお風呂に入っていると、お風呂って、不思議な「場」だなあと思うんですね。

子どもがお話をし始めるようになると、普段ならあまり話さないようなことを、お風呂場でポロッと言うことがあります。

「今日幼稚園でケンカしたんだぁ」とか、
「おとーさん、どうしてお仕事頑張るの～？」

と聞かれたこともありました。

温かいお湯と湯気に包まれることで**お互いの気持ちが緩んで、距離が縮まる「裸の付き合い」といった効能がお風呂には確かにあるのかもしれません。**

加えて、育児にハードルを感じているパパにも、まずは子どもと一緒にお風呂に入ることを提案したいのです。

例えば、寝かしつけは、その時々で時間が読めないことがありますが、お風呂は子どもがのぼせないように、入ってもせいぜい10分か15分です。

だいたいの制限時間が決まっているので、その点で取りかかりやすい育児だと言えます。

お風呂上がりに身体を拭いてあげたり、保湿クリームを塗るのも、さらなるコミュニケーションになるのでやってみてはいかがでしょうか。

女性には月のバイオリズムがありますから、子どもと一緒にお風呂に入るのが大変なときにこそ、パパが積極的にお風呂担当を買って出てみてください。

休日だけでも子どもたちとお風呂に入れれば、ママもその日はゆっくり湯船に浸かることができますね。

お役立ちコラム

離乳食にとりわけラクラク！　だいしパパの簡単「重ね煮」レシピ

離乳食はおよそ生後6カ月頃から1歳半頃まで続きます。

それまで食事といえば母乳やミルクだけだった赤ちゃんにとっては、大人へ一歩近づく新たなステージです。

ところが、本章の冒頭のアンケートにもあるように、この離乳食が、なかなか手強いんです。

ぼくも妻と一緒に、10倍がゆ（米1に対して水10の割合で炊いたおかゆ）をつくったり、茹でたほうれん草をすり潰し、それを小分けにして製氷皿で冷凍したりしていましたが、今、振り返っても大変でした。

そこで、ぼくが**料理初心者のパパにオススメしたいのが「重ね煮」（※）です。**

きっかけは食育専門のモンテッソーリ教師・いしづかかな先生からインスタに連絡をいただき、インスタライブ（インスタ内で利用できるライブ配信機能）で、つくり方を教わりながら、初めて重ね煮をつくったことでした。

厳密に言うと、「重ね煮」は離乳食ではなく、一つの調理法です。名前の通り「食材を重ねて煮る」調理法なのですが、重ねる順番に秘密があります。決まった順に重ねることで食材の旨味を活かすことができ、子どもの身体にも味覚にもやさしい料理が簡単につくれるのがありがたい！　もちろん、子どもだけではなく、大人も満足なおいしさで、しっかり栄養も摂れるオールマイティな料理です。

ぼくが思うに離乳食期のご飯づくりが大変だとママが感じるのには、おそらく3つの理由があります。

一つ目は、赤ちゃんに合わせて食材を小さく切ったり、柔らかく煮たりして、赤ちゃんのためだけのご飯をつくること。

お役立ちコラム

二つ目は、それ以外に大人用の食事も用意すること。

三つ目は、栄養バランスや味覚形成など「身体のこと」まで考えなくてはいけないこと。

重ね煮なら、家族のごはんをつくるついでに手間も最小限で、しっかりと栄養が摂れます。それも具材を切って鍋に入れたら、あとは煮るだけです。鍋一つでできるので、洗い物も少なくてすみます。

食材の自然な旨味は、味覚が敏感な子どもに大好評で、わが家の場合はみんながパクパク食べてくれるので、ぼくの料理へのモチベーションもアップ！

一石二鳥どころか、三鳥？　四鳥？　五鳥？　もある料理です。

では、早速つくり方をご紹介します。

〈重ね煮のつくり方のポイント〉

●食材を重ねる順番を守る
●鍋の蓋をしめて煮込む

必要なことは、この2つだけ！　他にも、食材の旨味を引き出すために「野菜の皮むきやアク抜きをせず、そのまま煮込む」というポイントや「旬の食材を使う」といったコツもありますが、まずは気軽に挑戦してみてください。

◎**重ね煮レシピ**【材料　大人2人分＋赤ちゃん】

・にんじん：½本　・たまねぎ：½個
・じゃがいも：2個　・キャベツ：大きめの葉1枚
・水：3カップ程度　・塩：小さじ1強　・醤油：小さじ1強

お役立ちコラム

❶食材を洗い、食べやすい大きさに切る

❷図のように鍋に重ねて水を注ぐ（野菜の7分目程度）

❸強火にかけて沸騰させ、湯気がでてきたら弱火で約10分煮込む

❹食材の硬さを確認し、残りの水を注ぐ

離乳食へのとりわけはココ！

- **野菜を煮込んだだけのスープ**
（離乳食スタート期〈生後5、6カ月で離乳食を始めてすぐの頃〉）
- **フードプロセッサーで攪拌《かくはん》しポタージュに**（離乳食初期〈生後5、6カ月頃〉）
- **野菜を取り出し、潰しながらもぐもぐ**（離乳食中期〈生後7、8カ月頃〉）
- **にんじんをスティック状にして煮ればつかみ食べにも！**
（離乳食後期〈生後9～11カ月頃〉）

❺幼児期～大人は塩と醤油で味つけ

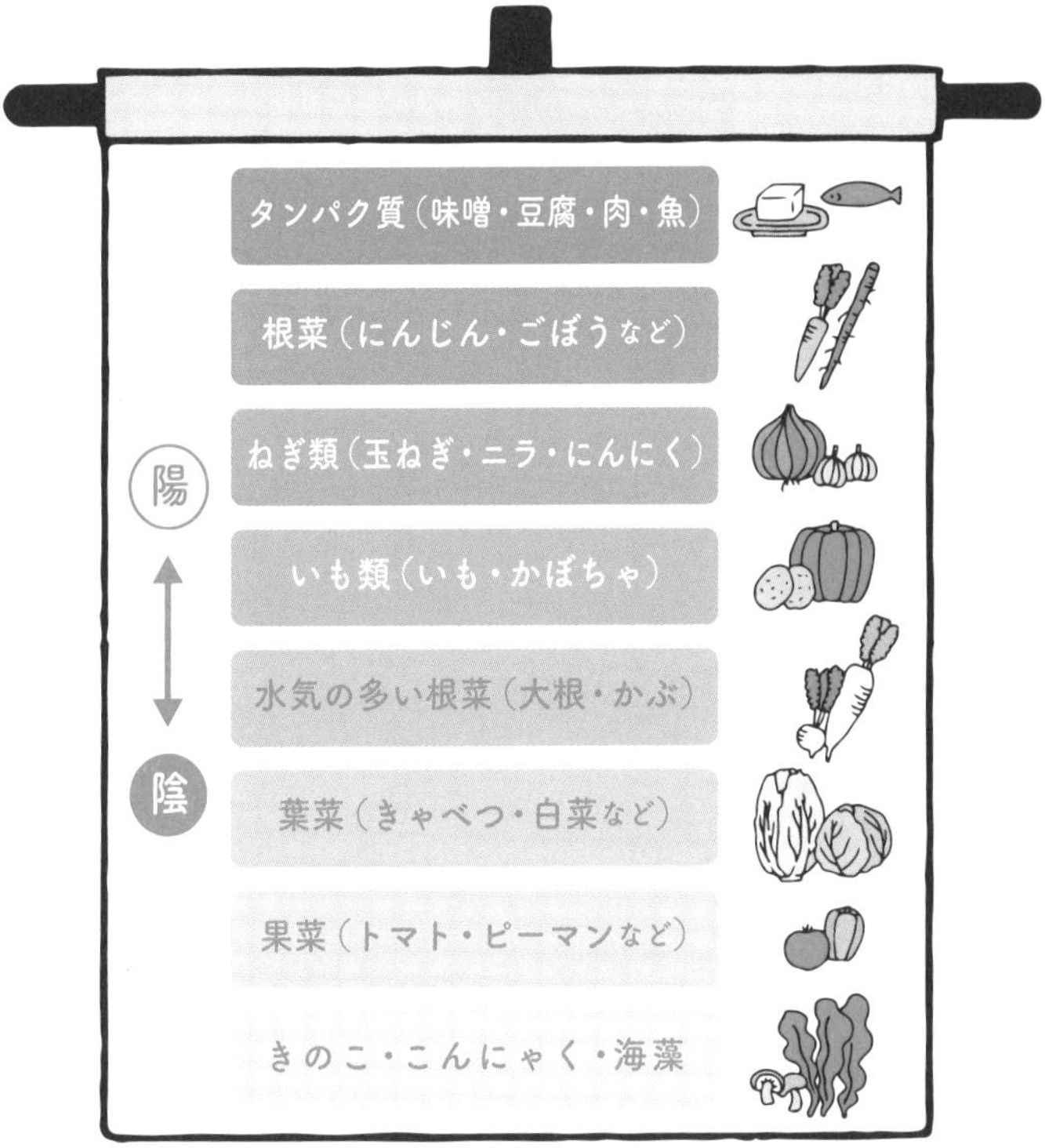

重ね煮の素材の順番のポイント

陰→陽となるように重ねて煮ていきます。

お役立ちコラム

調理に必要な準備は「食材を切ること」だけなので、料理初心者のパパにとってもうれしいですね。

ちなみに、お子さんが少し大きくなったら、野菜を洗ったり、キャベツの葉を手でちぎるお手伝いをしてもらったりして、一緒に料理を楽しむこともできます。材料を鍋に入れるところだけやってもらうのもあり、です。

我が家では、長男、長女はもちろん、3歳の末っ子も楽しそうにお手伝いしてくれています。

料理は家族みんなのコミュニケーションの場にもなりますし、パパと子どもで料理をすれば、ママに休んでもらう時間にもなります。

育児中の料理の救世主として、炊飯器など「入れておくだけ」の電子調理器が話題となっていますが、重ね煮も材料を切って火にかけるだけ！　しかも、火にかける時間は10分程度ですぐに完成します。

火にかけている間はタイマーをつけていればいいので、家事や料理に不慣れなパパもチャレンジしてみてはいかがでしょうか。

献立は「一汁三菜」などと言われますが、お野菜たっぷりのスープがあれば、あとはご飯だけで十分だとぼくは思っています。(重ね煮のスープにお肉やお魚を入れてもおいしいです!)

ただし、うちでは一つだけお約束ごとがあります。それは、栄養分が溶け込んだお汁まで飲み切ること!

これさえあれば十分だと思える、簡単、便利で美味しい重ね煮は、三人の子どもたちが離乳食期を過ぎた今なお、石丸家の主要メニューの一つになっています。

※本コラムの「重ね煮」の内容やレシピは、いしづかかな氏のご監修のもと、執筆しています。

パパの育児経験によって仕事の能力アップも図れる!?

子育て経験は、実はパパの仕事のスキルアップにもつながります。

ここでは、仕事に活かせるスキルの一部をご紹介しましょう。

①段取り力・タイムマネジメント・効率性

「段取り八分《はちぶ》仕事二分《にぶ》」といった格言もあるように、仕事に段取りはつきものですが、育児をしていると、イヤと言うほど段取りの重要性に気づきます。

例えば、今日は子どもの集団健診があるとします。

お昼ごはんを食べさせ、おもちゃで遊んでいる子どもをチラチラ見ながら、自分の身支度や外出に必要な荷物を揃えていき、できれば昼食の洗い物も済ませて1時には会場に着きたい……。

小さい子どもがいると、こんなふうに段取りを考える必要があります。ところが、たとえ段取りを立てたところで、子どもがグズってごはんに時間がかかれば、後片づけは帰宅後に後回し、という予定変更もしょっちゅうです。

ですから、効率や優先順位を考えたタイムマネジメントが身についていきます。オンライン事業の一つとしてぼくが運営メンバーになっている子育てコミュニティでは、家族で参加するイベントを開催していますが、そこでも子育てでレベルアップしたスキルが役立っていると実感しています。

参加者への連絡、当日までのスケジューリング、ゲスト講師への対応、PR、当日の進行などイベント開催にあたってはさまざまな仕事があり、段取りを考えていかなければいけません。運営メンバーの得手不得手を考えながら、それらを分担することで各メンバーが無理なく役割を果たせるうえに効率アップも図れます。

②チームワーク

どのような仕事でも、自分一人ではなく、誰かとの連携で成り立っています。だからこそ、チームワークが大切です。

ママとパパも、育児を通じたチームメイトであり戦友です。

相手の性格や状況を把握し、お互いを思いつつ、同じ方向を向いて子どものことを考える。

こうした育児経験は、仕事におけるチームワーク向上にもつながります。

③危機管理能力、危機回避能力

育児は瞬間瞬間、トラブル続きです。

「さあ、いよいよ出かけられるかな？」と思った途端に、子どもが飲んでいたお茶をこぼしたり、突然の「断固お出かけ拒否！」の抵抗にあったりもします。

こうした**トラブルが多いからこそ、危機管理能力や危機回避能力が格段にレベルアップする**のです。

子どもはとにかく「今やりたい!」と思ったものや、興味を惹かれるものに一直線!で、どうやらそれ以外のものは見えていないのかもしれません。

そこまで夢中になれることがあるのは、大人のぼくからしたら、ある意味ちょっと羨ましくなるほどです。

ただ、だからこそ、散らばったおもちゃを踏んでケガをしないか、少し先にあるものに手を伸ばそうとして椅子から落ちないか、好奇心のままに火元に近づこうとしていないか、というリスクに気づいて、対応できる危機管理能力や、それ以前の危機回避能力、あるいは瞬発力がママやパパには求められてくるのです。

こうしたスキルは、仕事においても、これまでとは違った目配りや気配りにつながるのではないでしょうか?

「大丈夫？」って、ママに聞く前にパパができること

さて、ここからは、ママが子どもと一緒にいる時間が長い場合の「大変さ」を軽くする、パパの行動についてお伝えします。

例えば、子どものおむつからおしっこが漏れて、服が濡れてしまった！　もしかしたら、床に敷いてあるラグにも染みてしまっているかもしれません。ママも少し慌てた様子です。

そんなとき、つい「大丈夫？」と聞いてしまうパパ、多いのではないでしょうか？　でも、「大丈夫？」と聞かれた側は「うん。大丈夫……」と、本音を言えずに飲み込んでしまうこともきっと多いでしょう。

パパだって仕事をたくさん抱えているときに、上司や同僚に「大丈夫か?」と聞かれると、「いや、大丈夫じゃないよ!」と心の中で思っても、条件反射的に答えてしまいませんか?「はい。大丈夫です」と。

だから、先ほどのような状況のとき、「大丈夫?」と聞きたくなるのをグッと堪えて、「着替えを持って来ようか?」と声をかけたり、必要だと思う着替えやおむつ、タオルを実際に持って行くなど、パパもすぐに対応してみてください。

自分にできることを想像し、具体的な声かけをしたり、実際に行動に起こしてみましょう。

「大丈夫?」という言葉より、こちらのほうがママはきっと助かるはずです。

もし「大丈夫」と答えが返ってきても、一緒に生活をしていれば、パートナーからの「大丈夫じゃないサイン」に、だんだん気づいていきますよね。

普段はおしゃべりなママが急に無口になったり、ドアを強めにバタンっと閉めたり、お皿をガチャガチャ片づけたり……、もしかしたら、心当たりがある方もいるのではないでしょうか。

パパたちも日々の仕事を頑張っているからこそ、家族との時間は何も考えずに過ごしたいと思うかもしれませんが、あなたの隣にいるママは今まさに「非常事態」に陥っているかもしれません。

だから、「疲れていないかな?」「今日一日大丈夫だったかな?」と、ママのことを気にかける時間をちょっとつくってみてほしいのです。

不思議なもので、そんなふうにパパがママのことを気にかけると、ママもパパのことを気にかけてくれるようになる。

お互いにパートナーのことを気にかけられるようになれば、そのとき余裕があるほうが、相手を助けることもできるようになります。

そんなふうにして、気づけば良い子育てチームができあがっているといいですよね。

何気ない会話こそ、夫婦円満の秘訣

パパの中には、仕事で疲れて帰ってきて、「今日、出かける間際に○○ちゃんがお茶をこぼして大変だったんだよ」「最近、靴がキツそう。○○ちゃんの足が大きくなったのかな？」といった子どもの話をママから聞くのがしんどいという方もいるかもしれません。

ただ、こうした**日常の会話こそ、お互いが今思っていることを共有できる貴重な機会になる**のです。

ママたちからの相談を受ける中で、ぼくはこのように気づきました。

出産後、多くの女性は子どもとの時間が圧倒的に長くなります。特に、まだ会話ができない年齢の子どもと日中過ごしていると、「話す」ということがガクンと減ります。

そうした中での**夫婦の会話の本質は、夫婦間での認め合いや、お互いの存在を意識**

し合えていることの確認のようなものではないだろうか、と。

だからこそ、会話があることで「自分はここにいていいんだな」と思えたり、家族の中における自分の価値のようなものが確認できるのです。

それが自分の真ん中を貫く「芯」をつくるからこそ、しっかり根っこを張って立っていられるのではないでしょうか。

もちろん、こうした会話の効能はパパにも言えると思いますが、それでもママ・パパの間ですれ違いが起きてしまうのは、**男女における「コミュニケーションとしての言葉（単語だけではなく、ボディランゲージなども含めた）の量」の違いも無関係ではないのかもしれません。**

『話を聞かない男、地図が読めない女』（アラン・ピーズ、バーバラ・ピーズ著）によると、**男性は1日で平均7、000語ほど使う一方で、女性は平均約20、000語使う**ことが分かったと言います。

実際に、男女でこのような傾向があるとしたら、日中、子どもといて、大人と会話をしていないママは、とうてい20、000語も使い切れていないでしょうから、パートナーに「今、こんなことで悩んでいる」、「今日、子どもがこんなことをした！」と、話したくてしかたがないはずです。そこで、ようやくコミュニケーションを取れる人が帰って来た！　とうれしくなって話し出す。

でも、仕事で疲れていたり、日中ある程度は大人と話したため、話したい！　という欲求がそんなに高くないパパは、話をされても「それならこうした方がいい」と端的に解決策を言うといった対応になってしまう。

こんなふうに、ママとパパの間には大きなギャップが生じてしまうのです。

解決策の提案よりまずは話を聞こう！共感が大事

では、そういう傾向を知ったうえで、ぼくたち男性はどうしたらいいのでしょうか？

ママが子育てで疲れている日もあれば、パパが仕事でヘトヘトになる日も当然あります。

それなら、正直に「今日は職場で大変なことがあって、今、話を聞ける状態じゃないから、お風呂に入った後で、改めて話をしてもらってもいい？」、あるいは、「子どもをお風呂に入れながらでもいいかな？」と言ってみるのも一つの方法です。

さらに、ママの話の内容によっては、聞き方にコツがあるのではないか、とぼくは見ています。

例えば、話や悩みを聞いているうちに、「あ、これは解決策を見つけてほしいわけじゃなさそうだな？」と思うことってありませんか？

欲しいのは、解決策ではなく、共感や理解で、つまり、ただただ「話を聞いてほしい」「寄り添ってほしい」ということ、なんですね。

パパたちは、会社で同僚から相談されたり、上司や後輩から「この案件、どうする？」と言われたときの対応に慣れているので、ママに対しても、解決策の一つでも出さないといけないという思考が働いてしまうのかもしれません。

でも、よく思い出してみてください。ママから「どうしたらいいと思う?」と聞かれたことって、案外少ないのではないでしょうか?

「子どもが離乳食を食べてくれない」「後追いされるのがつらい」と、悩みは話すものの、「どうしたらいいのか?」と解決策を聞いてくるママはそれほど多くないはずです。

そこへ、パパが良かれと思って、「こうしたらいいんじゃないの?」などと言うと、ママから「それはもう試したけど、ダメだった」と言われたり、「やってないから、そんなふうに簡単に言えるんだよ!」とかえって怒らせてしまうケースさえあるのです。

では、具体的にどうしたらいいのかというと、**ぼくの場合は、妻から解決策を求められているわけではなさそうだ、と分かったら、解決策を導くためのエンジンフル回**

転モードから、穏やかに聞くモードにスイッチを切り替えます。

とりあえず聞く。

もし、ぼくと意見が違ったとしても、まずは聞きます。

このとき、極端にいえば、ぼくの意見はある意味どうでもいいんです。

最優先すべきは、妻が感じていること、思っていることを、まずは外に吐き出してもらうことです。

そうやって**自分の内側にある思いや気持ちを外に吐き出して、それをぼくが受け止めていくうちに、妻が自分で答えを見つけたり、気持ちの整理をつけていくことがよくあります。**

「いろいろ話しちゃったけど、こうしたら良かったのかも。ありがとう」と。

だから、ぼくはキャッチャーのように、妻が投げたボールをただただキャッチし、話の途中で解決策を求められたら、そのときはフル回転モードにギアチェンジすればいいのです。

特に大人との会話が減って、子どもに気を配らなければいけない1歳児の子育て中、パパがママの話を聴くことができれば、ママの心の整理がついて、1日をリセットできるきっかけにもつながると考えています。

だいしメモ 夫婦の会話の時間が二人の未来を予見する!?

夫婦間の会話の重要性を示す調査結果があります。

これは**夫婦の会話の時間と夫婦円満にどういう関わりがあるか**、を調べるために、小学6年生以下の子どもがいる全国の既婚者約2千人に対して行った調査です（NPO法人「ファザーリング・ジャパン」）。

離婚を考えたことがない「円満夫婦」と、離婚を考えたことがある「不満夫婦」の1日の平均の会話時間を比べたところ、

「円満夫婦」…平日平均58分、休日平均で2時間
「不満夫婦」…平日平均18分、休日平均で42分

だったそうです。

夫婦の会話の重要性が良く分かる調査結果です。

ちなみに、ぼくの平日の会話時間は2時間ほど。

わが家の場合は夫婦ともに在宅勤務で一緒にお昼を食べながら話をすることもあるので、一般的な夫婦よりも会話の時間が取れるレアケースかもしれません。

会社勤めで、なかなかそうもいかないという方は、10分でも、15分でもいいんです。きちんとお互いの目を見て話すことから始めてみてはいかがでしょうか?

妻の20、000語ほどの話を聞ける時間が取れないのなら、夫婦それぞれのスタイルに合った方法をぜひ考えてみてください。

ママフォロワーさんの中には、どれだけ忙しくても夫が休日の朝は、コーヒーを淹れて一緒に飲みながら、少しの間だけでも座って話すことに決めているという方もいて、とてもステキだな、と思いました。きっとお二人にとって1杯のコーヒーを飲む間はすごく特別な時間なんでしょうね。

平日、それほど帰宅が遅くならないようなら、お子さんを寝かしつけた後、ご夫婦で好きなスイーツを「美味しいね」と言いながら食べる、酒の肴をつまみながら、音楽を聴きながら、など二人の好きなことをしながらちょっと一杯、あるいは肩揉みなど、お互いにマッサージをしながらリラックスするといった時間をたまにつくってみるのもアリですよね。

そんな、それぞれの夫婦オリジナルの特別な時間を考えてみるのも、楽しみの一つになりますよ。

ママと意見がぶつかったときこそ、より良い選択肢を生み出すチャンス！

ママの話をパパが聴けるようになると、ママはパパに相談を持ちかけやすくなると

ぼくは感じています。これは夫婦間において、とても大事なことです。

ただ、会話をする中でママとパパの意見がぶつかる、ということも起こってきます

よね？

そんなときにぼくが心がけているのが、

ママかパパの意見、どちらかを選択することを前提にせず、

第三の選択肢を二人で探す

ということです。

例えば、これは長男が3歳の頃の話ですが、幼稚園の入園先について、妻と意見が分かれたことがありました。

さらに、ぼくの両親が勧めてきた幼稚園も加わって、この時点で選択肢は三つありました。

そこで、それぞれの幼稚園のメリット・デメリットなどを妻と話し合ううちに、長男にどのような環境で過ごしてほしいと願っているかがお互いに明確になってきて、三つの選択肢とも、どうもしっくりこない、という結論が出たのです。

最終的には、一から調べ直して、二人がお互いに納得する第四の幼稚園に入園することが決まりました。

お互いの意見が違うとき、どちらかが正解だと思った途端に、ぼくらは無意識のうちに、自分の意見が通ることが「勝ち」というような「勝ち負け」の土俵に上がってしまっているような気がします。

でも、家庭内に「勝ち負け」の基準や、よく耳にするような、稼いでいるほうが上といった上下関係を持ち込んでしまうと、良い関係が生まれなくなるような感覚があるんです。

勝ち負けがつくのは、その瞬間だけで、実は選んでから先のほうが長いのですから、大事なのは、二人で選び、お互いに尊重し合える選択肢であるということですよね。

それに百歩譲って「勝ち負け」があったとして、意見がぶつかったり、ケンカになったときに、相手の意見が通ったり、相手に謝ったり、自分から折れることは「負け」なのでしょうか？

ぼくは、むしろ**折れたほうが「勝ち」なんじゃないか？ と思っている**ところさえあるんです。

どちらも折れないままだと、長い時間、膠着《こうちゃく》状態が続いてしまいかねません。

それなら、まずこちらから折れて状況を良くしたうえで、これからどうするかという話し合いをしたほうが問題解決への近道になり建設的です。

そもそも、夫婦間や親子間で、どういう状態がベストか？　と考えると、「勝ち負け」という判断基準はおそらく生まれてきません。

家庭が家族みんなにとって、とても居心地の良い安全地帯であることが大切です。

インスタのママフォロワーさんに聞きました！

ママ・パパのおすすめリフレッシュ法

後追いする子どもをママ・パパが〝後追い状態〟の1歳児期。

思うようにいかない育児中、なるべく心穏やかに子どもと向き合うために、欠かせないのが、ちょっと育児をお休みして、リフレッシュする時間ですよね。

では、ママたちは、どんなことでリフレッシュしているのでしょうか？

多かったのは、一人の時間を過ごすという声。

本章でもママに一人の時間を過ごしてもらうためのコツをお伝えしましたが、やはりリフレッシュになるというママは多いようです。

・子どもを夫や自分の親に預けて、ゆっくり買い物をする

・美術館やライブに行く
・子どもを寝かしつけたあとに晩酌しながらドラマを観る
・長風呂
・ネットサーフィン

中には、月に一度、パパに子どもを任せる「育児開放デー」を設けているという方もいました。この日に何をするか考えるのも毎月楽しみで、育児の励みになっている、とのこと。

また、子どもが1歳になり、「お互いに自由な時間をつくろう！」と、隔週交代で半日自由にすることにしたというご夫婦もいました。

次に多かったのは、**大人と一緒に過ごす**というケースです。

・夫婦で自営業を営んでいるので、平日に休みを取り、二人で出かけておいしいも

インスタのママフォロワーさんに聞きました！

のを食べる
・寝かしつけを終わらせて夫とゲーム対決
・友だちとしゃべりまくる、飲みに行く

このように、夫婦でちょっと豪華なランチをしたり、家族から離れて友だちと過ごすことでリフレッシュをしているママは少なくないようです。

夫婦揃ってゲームが好きなのであれば、子どもを寝かしつけた後のゲームは、パパにとっても仕事脳からリフレッシュされる、お互いにとっていい時間になるのかもしれませんね。

他にも、好きな音楽を聴く、ひたすら千切りをする、テレビを観て思いっきり笑う、といったように、**短い時間で気持ちの切り替えができるリフレッシュ法**を実践している方もいました。

一方、パパたちのリフレッシュ法を聞いてみると、

・お酒と筋トレ
・夜ご飯をつくって子どもに食べさせ、お風呂に入れてから歯磨き。その後、寝かしつけてからサウナへGO!
・たくさん笑う。お笑い番組を見る
・子育てが、むしろ仕事のリフレッシュになっている
・夫婦二人の時間

といった声が挙がっていました。

ちなみに、ぼくのリフレッシュ法は、まずは**少しホッとする時間をつくる**ことです。

コーヒーを飲んだり、最近はYouTubeでリラクゼーション音楽を聴いたり、好き

インスタのママフォロワーさんに聞きました！

なアニメやアーティストの動画を見てみたり……。

こんなふうに、**まずは自分の心身の状態をフラットに整えてから、妻と話したり、二人でカフェに行ったりする**ことが多いです。

一人の時間がほしいときは、妻もぼくも「ちょっと時間もらっていい？」とか、「スタバに行って何時までに戻るね」などと一言言います。

このときにお互いに意識しているのは、**「〇時までに帰ってくる」「〇〇へ行ってくる」というように、見通しが立てられるような言い方をする**ことです。

すると、「今頃〇〇でゆっくりしている頃かな。さっきまで頑張ってくれていたから、よし、私（ぼく）も〇時まで頑張ろう！」と、前向きに頑張ることができるのです。

子育てでは お互いに「できない探し」はしない

子育て中は、

「家が片づいていない」「掃除ができていない」「ご飯の支度ができていない」

といった家事のあれこれや、

「おむつ替えが上手にできない」「今日も早く寝かせられなかった」

といった育児に関することなど、おそらく世の中の**パパはママに対して、そしてママは自分自身に対して、「できない探し」をしてしまうことがある**のではないでしょうか。

実際にぼくも、こうした相談をママたちから受けることがあります。

でも、「できないこと」ばかりフォーカスしてしまうと、それに引っ張られて、相手や自分を「できていない」「できない」と決めつけてしまう危険性があります。

例えば、探し物を「ない、ない」と思って探すとなかなか見つからないけれど、「ある（だろう）」と思うと、案外簡単に見つかったり、少し時間をおいたり、他のことをしている間に、置き場所に心当たりが出てきたりすることもありますよね？

ぼくは「もの」ではなく、「行い」に関しても、同じことが言えるのではないだろうか、と捉えています。

では、「できない探し」から「できること探し」へ発想を転換するには、どうすればいいのでしょうか？

まずは、当たり前に行っていることを見直してみてください。

朝、きちんと起きることができた！　子どもを抱っこできた！　おむつを替えられた！　お風呂に入れることができた！

どんな些細だと思えることでもいいんです。

こんなふうに一つひとつの行動を思い直してみると、一見、当たり前のように思える行いの積み重ねによって、今日一日、目の前の子どもを生かすことができたと気づくはずです。当たり前のように行っていることは、実はとてもすごいこと、なんですよね。

一方で、もしあまりにもママが完璧に家事・育児をこなしていたら、ちょっと注意深く見てあげてください。

ぼくが知人から聞いた話ですが、そうした方の中には、こんなふうに危うさと紙一重のケースもあるかもしれません。

ある日、子育て中のお友だちの旦那さんから、知人に連絡が来たそうです。

「妻の様子がちょっとおかしい。様子を見に来てくれない？」と。

聞けば、そのママは育児も家事も完璧で、小さい男の子が二人いるにもかかわらず、家もいつもキレイで、ご飯もすべて手づくり。

だから、旦那さんも、奥さんのことをそういうものだと思っていたと言います。

でも、あるとき、ふと奥さんを見たら、泣きながら掃除をしていたのだそう。それで、慌てて奥さんのお友だちに家に来てもらった、というわけです。

「これからは、妻を遊びに誘ってやってください」と言われたぼくの知り合いが、奥さんを連れ出すようになったことで、ようやくそのママは息抜きができるようになったそうです。

中には、料理や掃除が好きで、その時間が子育ての気分転換になっているというママもいるでしょう。しかし、ママがあまりに完璧に見える場合、無理をしすぎて、こうした危うい状況に陥っているケースもあります。

日頃からママが無理をしていないか気遣ったり、無理をさせないようにすることも、ぼくたちパパの大切な役割にしていきましょう。

赤ちゃんは笑う生き物。ママ、パパは一日に何回笑っていますか？

確か、2016年頃に放送された笑顔に関するトリビアを紹介するグリコのCMがあったと思うのですが、みなさん覚えていますか？

その中で、流れる

子どもは一日平均400回笑う
大人になると15回に減る

というテロップがとても印象的でした。

ぼく自身を振り返っても、一日のうちで笑っていることって、意外と少ない。

一方、子どもたちは、確かに、いつも笑っているんじゃないかっていうほど、よく笑っています。

確かに、大人になると、笑顔でいられることって少なくなりますよね。

でも、家に帰れば、よく笑う子どもがいてくれます。

もちろん、モンスターのように「ウギャー」って怒ったり泣いたりするときもあるし、子育てが思うようにいかなくて、こちらが「ウギャー」ってなるときもあります。

でも、ニコニコ笑う子どもたちを見ていると、こちらも気持ちがじんわりあたたかくなって、自然とホッコリしていきます。

考えてみると、うれしいとか、楽しいとか、そういう感情と違って、心がほどけていくようなホッコリした気持ちになれることって、大人の中にいると意外と少ないんですね。

子どもたちが自然に笑っている姿を見ていると、ああ、**今、大人になっているぼくらも昔はそうだったんだな、という思いも溢れてきます。本来、ぼくらは、笑うために生まれてきたんじゃないのかな、**と。

赤ちゃんの頃の記憶を持ったまま、大人になっている人は少ないはずです。

でも、**親になることで、自分が赤ちゃんだった頃の遠い記憶がかすかによみがえったり、もともと自分がどんな存在だったのか、ということが腑に落ちる瞬間があります。**

赤ちゃんや子どもって、そういう自分の根っこにあるものを思い出させてくれる存在なんでしょうね。

さあ、〝ホッコリ〟を振りまいてくれる子どもたちがいる家に、今夜は少し早めに帰ってみませんか?

ママ・パパ うれしいポイント!

☑ パパが子連れで外出すると、リアルな子どもの成長が分かり、ママは自分でいられる時間をつくれる!

☑ お風呂は取りかかりやすく、子どもとの距離も縮まるオススメの育児!

☑ パパの育児経験は仕事のスキルアップにも役立つ!

☑ 夫婦の会話はお互いの認め合いにもつながる!

☑ 夫婦の努力次第で、家庭は「勝ち負け」のない安全地帯になる!

5章

待ってました！イヤイヤ期！

子どもの「イヤイヤ期」にパパにしてほしかったこと

皆さんは、「イヤイヤ期」って、聞いたことがありますか?

悪いイメージを印象づけたいわけではありませんが、海外でも「terrible two（魔の2歳児）」と呼ばれるほど、2歳頃は子育てをしているママ・パパがわが子に手を焼く時期とも言われています。

スーパーで、寝っ転がって、泣きながら元気に主張する小さな子を見かけたことがありませんか?

わが家も何度もありました。子どもとはこういうものだと分かっていても、さすがに周りの目も気になります。

この時期の子どもは、なぜ手がかかるのでしょうか?

それは、**1歳半頃から3歳頃にあらわれる「第一次反抗期」が深く関わっている**と言われています。

この時期はだんだん自我が芽生え、「これはイヤ！」、あるいは「これがしたい！」と、強く主張する子も出てくるようになってきます。

さまざまな育児本や育児情報によると、「イヤイヤ期は大事な成長の過程である」と載っていますが、「イヤイヤされる当事者」になると、なかなか余裕を持って受け止めるのが難しいときもありますよね。

そこで、「イヤイヤ期」真っ最中のとき、ママがパパにしてほしかったことは何か、聞いてみました。

「家事や育児をやってほしかった」「早く帰宅してほしかった」「一人になる時間をつくってほしかった」「寄り添ってほしかった」など、イヤイヤ期に限らず見られた意

見もありましたが、多かったのは、

イヤイヤ期に向き合ってほしかった

というもの。

「イヤイヤを一緒に体験してほしかった」、「子どもに『ママがいい！』と言われても、頑張って引き受けてほしかった」といった声がママからは挙がっています。

そして、さらに多かったのが、

イヤイヤ期の子どもに余裕を持って接してほしかった

という声でした。

お風呂に入るのも「イヤ!」、入ったら入ったで、今度は出るのが「イヤ!」、お風呂から出たら、パジャマを着るのが「イヤ!」と、イヤイヤに対応していると、叱りたくなったり、怒りたくなる気持ちは、ぼくにも分かります。

ママもパパの気持ちは十分すぎるほどわかっているけれど、叱るのではなく、自己主張をしている子どもの気持ちに寄り添ったり、広い心で受け止めたり、気分をそらしてほしかった、という声はとても多いです。

実は、このあたりは、パパの〝腕の見せ所〟にもなるようで、ママから

パパがイヤイヤ期の子どもに上手に対応してくれて助かった!

という声も多数挙がっているのです。

インスタのママフォロワーさんに聞きました！

・イヤイヤに根気よく付き合ってくれた
・子どもを外に連れ出して、気分を変えてくれた
・私はイライラしてしまったが、夫は冷静に対応。見習いたいと思った

一般的に子どもといる時間が長いママたちは、イヤイヤ期の子どもにどう対応したらいいか頭では分かっていても、気持ちの余裕がなくて、対応が難しい場合があります。

そんなとき、**パパが子どもの気持ちをそらしたり、冷静に対応できると、ママからも、イヤイヤしている子どもからも、評価が急上昇する**はずです。

イヤイヤ期は「がんばる期」！
子どもの立場から見るイヤの「裏側」とは

実は、ぼくがママたちから受ける育児相談の中で一番多いのが、イヤイヤ期の子どもへの対応についてでした。

今まで、親からお風呂や着替えなど、されるがままになっていた子どもが、自我の芽生えによって、これまでのようにはすんなりいかなくなったりします。

育児本やネット情報を見て、いろいろ試行錯誤してみるものの、どれもうまくいかない。どうしたらいいの？ と、こうしたものがイヤイヤ期に関する相談のほとんどです。

ぼくも3人のイヤイヤ期を経験していますが、よく泣く子もいれば、何も答えてくれなくなっちゃう子も、寝転がってバタバタする子もいました。

確かに対応するのは大変ですが、思うように表現できないけれど、その子なりに精一杯「自分にはちゃんと意見があるんだ！」と伝えてくれているんだなと、だんだん思えるようになりました。

ですから、親はイヤイヤ期の心の準備をしておき、「イヤ！」が始まったら、「いよいよ、来たか！」と腹を決めてじっくり付き合えるようになるといいですよね。

この時期の子どもに手を焼いているパパは、**いったん親という自分の立場から離れてみてはいかがでしょうか**？

そして、**子どもの立場に立って、「イヤ」の裏側を見てみましょう**。

すると、子どもの「イヤ！」「ダメ！」は、行動そのものに対して言っているわけでもなさそうだということが見えてきます。

つまり、着替えが「イヤ！」なのではなくて「自分で着替えたい！」と思っているのに、ママやパパが着替えさせようとするから、「イヤ！」という一言が出たりするんです。

あるいは、自分ではうまく着替えられないことに対するイライラから「イヤ！」と言う場合もあるでしょう。

親の言うことがたった一つの選択肢だったそれまでとは違って、子どもに「NO！」という選択肢が新たに出てきたということなんですね。

そこで、わが家のイヤイヤ期の対応としては、

①選択肢を用意する

着替えがイヤと言われたら、二つの洋服を持ってきて「どっちの服がいい？」と、子ど

もに主体的に選ばせてみると、納得してくれるときがあります。

②見て分かるルールを伝える

例えば「時計の針がここまで来たら、お風呂に入るよ」というように、目で見て分かるルールを伝えるのも子どもたちには効果的でした。

こんなふうに、わが家では子どもの目線に立ちながら話をすることを心がけていました。

イヤイヤ期はママやパパにおんぶに抱っこだった時期から、**自分でやりたいという気持ちの芽生えとともに、子どもが自分なりに頑張ろうとする時期です。**つまり、子どもの成長のステージが一段上がったということなんですね。

だから、**わが家では「イヤイヤ期」ではなく、「がんばる期」と呼ぶことにしました。**どうせ使うなら、大人側から見たネガティブな言葉ではなく、自分も相手も良くなっていくような言葉にしたいな、と考えたからです。

大事なのは、親の「余裕」を生み出す協力体制

子どもが自分の殻を一つ破ろうとしている大事な「がんばる期」ですから、親も、余裕を持って受け止められたらいいですよね？

そのためには、やはり**チーム戦で対応すること**、がオススメです。

子どもから「イヤ！」を連発されるなんて、ただでさえ大変な時期ですから、夫婦のどちらか一人で頑張ろうとすれば、余計に余裕がなくなってしまいます。

ですから、ママが子育ての中心になっているなら、これまでにもお伝えしてきたように休日はパパが育児の時間をつくったり、平日に何か一つでも子どもと関われるようにしてみましょう。

もし、それがどうしても難しい状況にあるなら、夫婦に限らなくてもいいとぼくは思います。

代表的なところでは、おじいちゃんやおばあちゃんは、そもそも孫相手だと余裕を持ちやすいので、頼れるならお互いに負担のない範囲で子育てに巻き込むのも一つの方法です。

近くに頼れる身内がいないのなら、**地域の子育て支援センター**を調べてみてください。

子育て支援センターは全国の各自治体が運営する施設で、親子で利用するだけなら無料のところも多く、子育ての悩みや不安を職員さんに相談したり、親子の交流の場としても活用できます。

わが家もお世話になりましたが、職員さんも子どもたちに目を配ってくれるので、安心感や余裕が持てますよ。

ただし、子どもだけを預ける一時保育の場合は有料となり得るので確認してみてください。

長男の本格的なイヤイヤ期は、少し遅めで幼稚園の年中頃だったので、幼稚園の先生に相談することもありましたし、保育園に通っているお子さんなら、保育士さんも強い味方です。

最近ではオンラインでのつながりも増えてきているので、外出がなかなか難しいという方はオンラインでの交流を試してみるという方法もあります。

「自分の子どもなんだから、自分でなんとかしなければ」と抱えてしまいがちですが、イヤイヤ期こそ頼って大丈夫。頼るのは決して悪いことではなく良いことです。

頼れるところに頼る、これに尽きます。

「がんばる期」の経験から忍耐力や柔軟性がスキルアップ！

さて、子どもの「がんばる期」を経験したパパは、知らず知らずのうちに「あるスキル」がレベルアップしているはずです。

例えば、**柔軟性**です。

先ほどお伝えしましたが、着替えが「イヤだ」と言われたら、「早く着替えなさい！」と頭ごなしに言うのではなく、他の選択肢を用意して選ばせてみるということも、一種の柔軟性ですね。

子どもがイヤだと言うことや、できないことに対して、大人の柔軟性を試されていると思って、ある意味ゲーム感覚で知恵を振り絞り、いろいろな策を繰り出してみてはいかがでしょうか？

スムーズにいかないことに対して、その都度、子どものリアクションを見ることで「これはまだこの子には早かったな」「もう少しゆっくり話してみようか」「今はいったん距離を取ろう」「こういう言い方をすると伝わるんだ！」と、実戦でしか分からないことがたくさんあります。

相手にどう表現したら伝わるか？　こちらからどう働きかけたらできるようになるのか？

柔軟性を持って試行錯誤するのは、**子どもの「いつかはできる」を信じているからこそ**です。

だから、辛抱強く待つ忍耐力も、おのずとセットでついてくるんです。

これって、職場でも同じだと思いませんか？

例えば、後輩や部下に指示を出したものの、しばらくして上がってきた仕事が、意図と違ったものだったとします。

ここで、「何で言った通りにやらないんだ！」と注意したり、「指示通りにきちんとやってくれ！」と言うことは簡単で、きっと思い当たる方もいるでしょう。

でも、自分の指示の出し方を、もう一度考え直してみることも大事ですよね。

Aさんだったら、指示を細かく出せばその通りにやってくれる、Bさんなら、メモを見せながら指示したほうが分かりやすそうだ、というように、相手によって指示の仕方を変えていけば、仕事がスムーズにいくこともあるはずです。

そんな面倒くさいことやっていられない！　と思う方もいるかもしれませんが、「がんばる期」の子育てを経験すると、相手を変えようとしてもムダだということを痛感します。むしろ、自分が変わることで、相手が動いてくれるのを待つことばかりですから、自然と、柔軟性と忍耐力のレベルアップが図れます。

トイトレは子どもの「できていること」と親が準備できることを探してみよう

2歳頃には、そろそろトイレでおしっこやうんちをする、いわゆる「トイトレ(トイレトレーニング)」を始めようか、と考えるママやパパもいるでしょう。

これがイヤイヤ期と重なると、かなり手強く、イライラしてしまう原因になる場合もあります。

トイトレ中は、つい、トイレでおしっこやうんちができているか、できていないか、だけに目が向きがちです。

でも、**他にもたくさん見るべきところはあります**。

それは、**その子がすでに「で、き、て、い、る、こ、と」**です。

例えば、トイレに入れた! 便座に座れた!

これも、立派な「できていること」です。

このできていることを、「トイレに入れたね！」「便座に座れたね！」と子どもに向けて言葉に表すことが、その子の自信につながっていくとぼくは考えます。こうした小さな自信の積み重ねが、最終目標のトイレでおしっこやうんちをすることにつながったりもします。

ちなみに、ぼくの家では三人ともトイトレはゆるく行っていました。

あるときトイレで座っておしっこができても、翌日にはおむつの中でジャーッなんてことも何度もありました。

一度、トイレでできたのに、おむつでおしっこをすると、「逆戻りした……」「できなくなった！」とショックを受けるママやパパも多いかもしれませんが、それは、その子のタイミングです。

今回は**そういう「とき」だったと受け止めてあげてください**。

また、こんなケースもありました。子どもがトイトレ中、そもそも便座に座れないこともあったので、「この間は座れたけど、今日は座れなかったんだね？」と聞いたら、「なんかね、こわいの！」と言う。

そこで、こわいってどういうこと？ この子にとって何がイヤなんだろう？ と考え、試しにきちんと足を付けて踏ん張れるような踏み台を置いてみたんです。そこからは、いつでも便座に座れるようになりました。

こんなふうに、**今のありのままの状況を子どもに話して、そのときの子どもの気持ちを聴くことで、ママやパパが準備できることを思いつく場合もあります**。

振り返ってみると、わが家のトイトレも本当に子どもによってそれぞれ。

「2歳までにこれができていなくちゃ!」「お友だちはもうできているのに……」と焦ったり、情報に振り回されずに、その子に合った伝え方を考えたり、その子のタイミングや気持ちを受け止めていくことが重要だと考えています。

子どもの「好き」を発見するには、ママとは違ったパパの視点も大事

パパになったとき、ぼくは自分が子どもの頃に「してほしかったこと」を子どもにたくさんしていこうと決めました。

両親はできる限りぼくを遊びに連れて行ってくれましたが、共働きだったので、いつも忙しそうで、子どもながらに話しかけるのをためらうこともありました。だから、子どもとたくさん話したい! 一緒に時間を過ごしたい! と。

一方で、してもらってうれしかったことは、子どもにもより積極的にしたいと考えていたのです。

ところが、実際にパパになって、ぼくが子ども時代に好きだったことを子どもに試してみると、同じように喜ぶとは限らないということも分かってきました。

例えば、ぼくが父にしてもらってうれしかったことの一つに肩車があります。ぼくの地元にある神社には、お祭りのときに無病息災を願って、幼い子どもを肩車して、御神輿や太鼓とともに社殿を3周回ってからお宮に入る「舞い込み」という風習があります。

たぶん、そうした遠い記憶も重なって、「高い高い」や肩車が大好きだったんです。

でも、三人の子どもたちの中には肩車で大喜びする子もいれば、ギャン泣きする子もいました。今、思えば当たり前なことなのですが、ぼくと子どもの「好き」は違うんだなあということを実感した出来事でした。

そこで、基本的には自分が親にしてもらってうれしかったこと、してほしかったことを自分の子どもに一度は試してみつつ、そのときの子どもの反応や、夢中になっていることを見守りながら、その子の「好き」を探していこう、と考え方の軌道修正をした、というわけです。

それには、ママやパパが思い込みや先入観を外して

・子どもが何を感じて、どう行動するか、見守ってあげること
・「そんなことしちゃダメ」と、頭ごなしに否定しないこと

がポイントになってくるのではないでしょうか？

もちろん、危険なことをしたり、誰かを傷つけるようなことをしたときには、注意

しますし、叱りもします。

でも、それ以外は、その子自身の思うままに、「好き」を見つけていってほしいと思っています。

ぼくら大人は、子どもよりうんと人生経験が長い分、「こうあるべき」「こうしたほうがいい」と考えることをつい押しつけてしまいがちです。それは、親としての責任感から来るものかもしれません。

でも、子どもを見ていると、**大人が導いてあげなければいけない存在ではない**んだな、ということも分かってきます。

その子が元々持っているものが「種」のようなものだとしたら、ぼくたちは、芽を出すようにじっと見守ったり、少し水をあげて伸びるように促してみたり、あまりに激しい嵐のときには手でそっと囲いをつくってあげたり……。

そんな少しの支えで、子どもは自分の「好き」に向かって葉や茎をどんどん伸ばしていけるのではないでしょうか。

その過程で、パパはママとは違った視点から、子どもに「こんなこともある」「これはどう?」というように、「好き」を見つける支えになれるのです。

パパにはそういうママとはまた違った視点から子どもを見る役割もあると思うと、なんだか楽しくなってきませんか?

「ありがとう」があふれるお手伝い計画

2歳頃になるとできることも少しずつ増えてきます。

だからこそ、ママやパパが子どもと一緒に家事をするのもオススメです。

そこで、ぼくが子どもと一緒によく行っている家事を3つ紹介させてください。

◎**洗濯物をたたむ**

「端っこを持って、パッタンしてね！」などと言いながら、ぼくがたたむ様子も見せつつ一緒に行うことがあります。

最初の頃は上手にたためずに少しグチャグチャになってしまっても、自分の洋服をたためたときの子どもの自慢気な表情は何より最高です。

◎**お米を研ぐ**

子どもがお米を研ぐのを「シャカシャカしてね～」と

見守ります。

もちろん、大人のように研ぐのは難しいので、ある程度研いでもらったら「ありがとう」と言って交代しますが、感触も楽しめるからか、子どもたちも喜んでお手伝いしてくれます。

◎料理

料理と言っても、2歳なら、キャベツやレタスをちぎるといったところですが、大事にしているのは「子どもができるやり方＋楽しめるようにする」お手伝いにすることです。

4章で紹介した重ね煮をつくるときも、小さな手で、キャベツや白菜、しいたけやこんにゃくを、ニコニコしながらちぎってくれました。

他にも、食卓に家族のスプーンやフォーク、箸やコップなどを並べてもらったり、着替えのときに自分のおむつやパンツを出してもらうのも、立派なお手伝いです。

お手伝いは、ママやパパが、子どもに「ありがとう」と言う機会を自然と増やしてくれるきっかけにもなります。

平日のキッチン周りは戦場と化しているでしょうから、休日の昼間や夕方を狙ってパパが率先してキッチンに立ち、子どもとお手伝いするのもいいですね。

そのときは、**パパ自身も楽しんでください！**

すると、「お！ なんだか、楽しそうなことをやってるぞ！」と子どもたちのほうから寄ってきてくれるかもしれません。

大事なのは、余裕がある時間に、この「お手伝い計画」を実行することです。

余裕があれば、子どもがお米をこぼしたり、ボウルを落としたりしても、「もう一回やってみようか？」とパパも大きな気持ちで受け止められます。

すると、**子どもは料理以外のことに関しても、「もう一回やり直せばいいんだ！」と、失敗を恐れずに、トライできるようになります。**

お手伝いにはこういう効果もあると、教育関係の仕事をされている方が言っていました。

子どもの前でママを褒めよう

ぼくは、子どもの前でよく妻のことを褒めます。

「『お母さん、洗濯やお掃除ありがとう』だね」
「お母さんのカレー本当に美味しいね！」
「お母さん、優しくてステキだよね」

ママを褒めることに慣れている日本のパパはそんなにいないでしょうから、初めはちょっと気恥ずかしいかもしれません。

もちろん、ぼくも、場合によってはオーバーリアクションにも見える海外の男性のようにはできませんが、なるべく妻を褒めたり、感謝の言葉を表すように心がけてきました。感謝を表現するのは非常に重要なことだからです。

というのも、ぼくのＳＮＳに寄せられるコメントや、ママたちから受ける相談には、**「何をしても認められない、褒められない、感謝されない、頑張りが伝わらない」と悩む声が多い**のです。

たぶんパパたちは照れもあってなかなか言葉で伝えられないだけで、心の奥では感謝しているはずです。

ところが、そうこうしているうちに、ママが家事や育児をしていることが当たり前に感じられて、ますます褒めたり、感謝の言葉が出てこなくなってしまう、という悪循環に陥ってしまうこともあります。

だからこそ、最初は照れくさいのをグッとこらえて、普段からきちんと口に出して言ってみてください。きっとママはうれしいはずですから。


さらに、もう一つぼくが意識して行っていることがあります。

それは、**妻がいないところでも、子どもたちに向かって妻を褒める**ことです。

本人がいないところでうわさ話や悪い話を言う陰口は広まりやすいと言われていますが、それなら、良いことこそ広まってほしいと思って、ぼくは「**陰口の逆**」をしているんです。


そして妻を褒めるのには、もう一つ理由があります。

子どもたちに見せたい〝親の背中〟があるからです。


子どもたちにとって最も身近な大人はぼくたち親です。

ママやパパが日頃からお互いにどんなふうに接しているかを、子どもたちは驚くほどよく見ています。

そのうち子どもたちが保育園や幼稚園、さらに小学校に通う中で、お友だちに接するときの見本になってしまう可能性もなきにしもあらず、です。

だからこそ、自分から相手の良いところを褒めたり、感謝の気持ちを積極的に言うことを心がけています。

とはいっても、のろけるようですが、ぼくの場合は単純に妻が好きなので言いたいというだけなんですけどね。

どうしても褒めるのが恥ずかしいなら、ちゃんと目を見て相手に「いつもありがとう」と言うだけでもまずはいい。

それだけでも、気持ちって伝わります。

ママもパパも完璧なんかじゃなくていい

「私は子育てに向いていないんです」と言うママの声を聞くと、ぼくは「大丈夫かな……？」と心配になります。

たぶん、思い描く理想の子育ての形があるものの、それができていないことに葛藤したり、悩んだりしているんだろうなと。

つまりは、子育てを真剣に頑張っている、もしくは頑張りすぎている証拠です。でもそれはママ自身のせいではなく、そうした「環境」になってしまっているのがそもそもの原因だと考えています。

ご本人もきっと分かっているとは思うのですが、**子育てってそもそも完璧にやろうとしなくていい**のです。

ただ、今の時代は見るつもりはなくても、特にＳＮＳで丁寧な子育てや家事をしているママたちの投稿を目にする機会もあるので、「もっと頑張らなくちゃ！」と焦るママも多いのかもしれません。

でも、子どもに手がかかる時期に家事や育児を完璧になんてできないものですよね。

もし、あなたがママに「自分は子育てに向いていない」と言われたら、少し頑張りすぎて黄色信号が点滅しているのかもしれないと、いつも以上に気にしてあげてください。

子どものことは母親の責任という傾向が、今でもまだ暗黙の了解のようにあることは確かです。

でも、当然父親にも同じくらい責任があるのです。

ぼくは思うんです。

母親はお腹の中で、十月十日子どもを育て、頑張って産んでくれただけですごいことをしているんだって。

もちろん、パパも自分のためだけではなく、家族のためにも仕事を頑張っているのですから、それもすごいことです。

でも、ママがママになって変わったように、ぼくらもパパになったのだから、パパとして新たなことに挑戦できたら、家族みんなが幸せになる「環境」をつくっていけるのではないでしょうか？

この本で紹介したことのうちの1つだけでもいいので、あなたのやりやすいことから試してみてください。

やってみて「思ったより大変じゃなかった。楽しかった！」と思えば、さらに他のことにも手を伸ばす機会になります。

「これは思った以上に大変だ……」と感じたら、ママへの感謝がもっと大きく芽生えてくるはずです。

そこで「よし、もうちょっと頑張ってみようか！」と思っていただけたら、うれしいです。

そして、どんな子育てをしたいか、どんな家族になっていきたいかを、ママとパパでもっと分かち合い、理解し合ってほしいのです。

これもまた、子育ての醍醐味の一つなんですよね。

ぼくたちパパが完璧にできる子育てがあるとすれば、ママに「今日も頑張ってくれてありがとう」と言うこと。

感謝を完璧にする努力こそ、家族みんなの幸せをつくる鍵であり、実は一番大切なのです。

自分の父親にしてもらってうれしかったこと

もし、あなたがどんなパパになりたいのか？　あるいは、なれるのか？　と思っているなら、子ども時代の記憶から父親の在り方を探ってみてはいかがでしょうか？

そこで、父親にしてもらってうれしかったことを、フォロワーさんのアンケート回答から紹介していきます。

◎お出かけ

・よく散歩に連れて行ってくれた
・川遊びや虫取りに出かけた
・キャンプに連れて行ってくれた
・思いっきり遊べる大きな公園やアスレチックへのお出かけ

・二人で映画やドライブ

◎一緒に◯◯◯してくれたこと

・一緒にスポーツをしてくれた
・寝る前に布団の中で絵本を読んでくれたこと
・一緒にお風呂に入ってくれた
・追いかけっこや肩車など、一緒に遊んでくれた

◎ご飯をつくってくれたこと

・試験勉強中にチキンラーメンをつくってくれた
・休日に特製オムレツをつくってくれた
・運動会のお弁当のおにぎり担当はいつも父だった

◎教えてくれたこと

・受験勉強に付き合ってくれた
・自転車の乗り方を教えてくれた
・挨拶や人への接し方などの社会性を教わった
・物事の捉え方など生きていくうえで大切なことを教わった

◎話を聞いてくれた、自分を信じてくれたこと

・兄弟げんかの仲裁をしてくれたこと
・ちょっといい加減な父だったが、いつも笑って私の味方をしてくれたこと
・私の夢を最後まで応援してくれたこと
・困ったときに何も言わずに助けてくれたこと

仕事が忙しくて一緒に過ごす時間は短くても、何とか時間をつくって休日にお出かけしたり、遊んでくれた父親の姿や頑張りは、確実に子どもたちに伝わっているということをアンケートの結果が示していますね。

また、料理や遊びも、ママとは違うパパならではの特別感があって、記憶に残っているという声もありました。

そして、子どものことを信じてくれた、味方でいてくれた、話を聞いてくれたという、生きていく中で、その人の「芯」になるような部分にも、父親は深く関わってくるのだな、と改めて感じるような答えもありました。

ほほえましくなるような声が多かった中、「父親にしてもらってうれしかったことがない」と答えた方も、実は少なくありませんでした。

やはりそれではパパも子どももお互いに寂しいですよね。

皆さんや、ぼくの子どもたちが大人になったとき、果たしてぼくらはどんなパパとして、子どもたちの思い出の中にいることができるのでしょうか。

そんなことを考えると、今からとてもワクワクします。

ママ・パパ うれしいポイント！

☑ イヤイヤ期をチーム戦で対応し、余裕を持って子どもに接する！

☑ 「がんばる期」に向き合うと、忍耐力や柔軟性がアップ！

☑ 子どもの前でママを褒めたり感謝すると、ママは喜び、子どもにとっては身近なお手本となる！

☑ お手伝いは親が子どもに「ありがとう」を言うきっかけや、子どもが自信をつけ、トライアンドエラーの経験をさせる機会にも！

☑ パパが子育てを経験すると、ママへの感謝が自然と生まれ、夫婦でお互いに頼り合える良いチームになる！

おわりに

まずは、この本を手に取ってくださった皆さん、ありがとうございました。

2020年の春頃から始まったコロナ禍以降、パパたちが保育園や幼稚園、学校の行事に参加したり、送り迎えに来る姿をよく見かけるようになりました。

もしかしたら、テレワークへの切り替えなどによって家族で過ごす時間が増えたことで、家族の在り方を見直すきっかけになったのかもしれません。

一方で、家族との時間が増え、どう接したらいいのか悩んだり、その中で失敗してしまったことがあるというパパもいるのではないでしょうか。

もちろん、ぼくもどこにでもいるパパの一人ですから、皆さんと同じようにこれまでたくさんの失敗をしてきました。

だからこそ、本書を出す意味がある、と考えたのです。

専門家ではなく、一人のパパとしてのリアルな体験から、読者の皆さんに「それ、分かる！」「うちもそうなんだよ‼」と感じていただき、心がラクになったり、少しでも子育てや夫婦のパートナーシップに役立てていただけたらありがたいです。

ここ数十年で時代や状況は大きく変わり、パパには経済的に家族を守るだけではなく、実際の子育てや家族と向き合う役割が求められるようになってきました。

生活していくうえで、仕事はもちろん大事です。

ただ、家族と同じ時間を共有し、言葉や行動で相手に自分の気持ちを意識的に伝えることも同じぐらい大切だとぼくは考えています。

ですから、パパへ。

今から、始めてみませんか？

今からもう一度、チャレンジしてみませんか？

「子育て」という大切な体験を。

以前、バラエティー番組「チコちゃんに叱られる！」（ＮＨＫ総合）で関西大学社会学部の保田時男教授が「わが子と生涯で一緒に過ごす時間」について解説していました。「平成23年 社会生活基本調査」（総務省統計局）をもとに計算すると、母親が生涯わが子と一緒に過ごせる時間は『約7年6カ月』。父親に至っては『約3年4カ月』だそうです。

「そんなに短いの!?」と驚くかもしれませんが、ぼく自身、今、小学2年生の長男と一緒に過ごせる時間がかなり少なくなったと痛感しています。

特に小学校入学後は、ぼくら親よりも友だちと過ごす時間のほうが多くなってきました。そこでふと気づいたのです。

今までは「親のぼくが子どもと遊んであげている」「子育てしている」と思っていましたが、実は**子どもに、ぼくらが遊んでもらっていて、ぼくらが親になるように、**

成長する機会を与えてもらっていたのではないか、と。

そして、この時間は永遠には続きません。

それは、今この本を読んでくださっている、かつては子どもだったあなたが十分に分かっているはずです。

それなら、**今からこの限りあるリアルタイムの子育ての幸せを、夫婦二人で一緒に分かち合いませんか？**

夫婦は敵になる必要なんてない、本来最強の味方であり、家族はチームです。

ぼくも子育て真っただ中の「戦友」の一人として、あなたを心から応援しています。

パパが子育てを楽しめれば、子どもは喜び、ママも自然と笑顔になります。

だからこそ、ママはあなたと一緒に育児の幸せを感じられる瞬間を、心から待っているはずです。

あなたのすぐそばにいる大切な人のために――。

そして同じくらい大切な、あなた自身の未来のために――。


最後に。

この本は、多くの方に支えられて、ようやく出版まで漕ぎつけました。

まずは「全国出版オーディション」(※)主催の岡崎かつひろさんとのClubhouseを通じての出会いがなければ実現しませんでした。

さらに、オーディションから出版に至るまで応援してくださった皆さん、ようやく応援を形にすることができました。

フォロワーの皆さん、育児を頑張る戦友の皆さんに、アンケートやご意見をいただいたことで、この本が完成しました。

ＫＫロングセラーズ副社長の真船壮介さんと編集長の富田志乃さん、編集協力をしてくださった佐古鮎子さんには、人生初の出版に際し根気強く指導していただき、何度も話し合う中で愛あるアドバイスをいただきました。

こうして、ここまで支えてくださった皆さん、ありがとうございました！


また、ぼくの大切な家族にも伝えておきたいことがあります。

両親と義両親へ。いつもぼくら家族を支え、見守ってくれて、感謝しています。

子どもたちへ。みんなが生まれてきてくれたことで、ぼくたち夫婦は、無条件で愛することがどれだけ大変で尊いのか、気づくことができました。生まれてきてくれてありがとう。みんなのおかげで毎日幸せだよ。

そして、妻へ。もしあなたと出愛《であ》わなかった（ぼくの造語です）ら、この本は生まれなかっただろうし、そもそもこんな幸せな未来は描けませんでした。

人を愛する幸せを教えてくれて、人生を豊かにしてくれて、何よりも第一子出産のあの日、生きていてくれてありがとう。

ずっとずっと愛しているよ。これからも、一生、よろしくお願いします。

「人生一度きり。毎日一度きり。
この世に当たり前なんて何一つない、全ては有り難いこと」

これは僕の好きな言葉です。子育てに正解があるとしたら、ここにすべて含まれていると信じています。

この本と共に、あなたを心から応援しています。

石丸　大志

（※）出版を目指す人が企画をプレゼンし、投票＋審査で決定した優勝者には１００％出版を保証するオーディション

石丸　大志（いしまる・だいし）
子育て／パートナーシップ活動家。
1984 年新潟県生まれ。1男2女のパパ。SNS 総フォロワー数約 15 万人。第1子誕生後から、子育てや夫婦関係について SNS にアップしたところ、コメント欄に子育て中の悩みを抱えたママたちからの声が届く。これまでに公式 LINE 登録者（主にママ）計 400 名の子育てやパートナーシップの相談に回答。
自身も育児に奮闘する中で、「子育ての悩みの原因は夫婦関係に辿り着く」と考え、ママの気持ちを楽にする考え方や、パパの役割、パパだからこそできる子育てなどの情報を発信。一番すぐそばにいる大切な人の笑顔や幸せと同時に、自分自身も含め、家族みんなが楽しめる子育てやパートナーシップの在り方を伝える活動を SNS やオンライン事業を通じて行っている。
2022 年6月からは、全国のママ・パパたちを繋げたり、子育ての現状や環境を変えるアクションを起こすために、オンラインコミュニティ「子育て革命～ママとパパの安全基地～」を立ち上げる。
Instagram.com/@daishipapa/

家族みんなと笑顔になる
新米パパの子育てのミカタ

2023 年 10 月 1 日　初版発行

著　者　石丸 大志
発行者　真船 美保子
発行所　KK ロングセラーズ
新宿区高田馬場 4-4-18　〒 169-0075
電話（03）5937-6803㈹　振替 00120-7-145737
https://kklong.co.jp/
イラスト　HITOMI HAYASHI
装丁　鈴木大輔・仲條世菜（ソウルデザイン）
編集協力　佐古 鮎子
印刷・製本　大日本印刷㈱
落丁・乱丁はお取替えいたします。※定価はカバーに表示してあります。
ISBN978-4-8454-2518-1 C0037　Printed in Janan 2023